广西第二期中职名师培养工程

丛书总主编：王 晞 张兴华

"后示范"建设时期广西中职学校专业发展的途径研究

李 娜 韦翠霞 张 杰 编著

北京理工大学出版社

BEIJING INSTITUTE OF TECHNOLOGY PRESS

图书在版编目（CIP）数据

"后示范"建设时期广西中职学校专业发展的途径研究/李娜，韦翠霞，张杰编著．—北京：北京理工大学出版社，2020.4

ISBN 978 – 7 – 5682 – 8341 – 0

Ⅰ．①后… Ⅱ．①李… ②韦… ③张… Ⅲ．①中等专业学校 – 发展 – 研究 – 广西 Ⅳ．①G719.2

中国版本图书馆 CIP 数据核字（2020）第 056970 号

出版发行／北京理工大学出版社有限责任公司

社　　　址／北京市海淀区中关村南大街 5 号

邮　　　编／100081

电　　　话／（010）68914775（总编室）

82562903（教材售后服务热线）

68948351（其他图书服务热线）

网　　　址／http：// www. bitpress. com. cn

经　　　销／全国各地新华书店

印　　　刷／保定市中画美凯印刷有限公司

开　　　本／710 毫米 × 1000 毫米　1/16

印　　　张／9.25　　　　　　　　　　　　责任编辑／梁铜华

字　　　数／125 千字　　　　　　　　　　　文案编辑／杜　枝

版　　　次／2020 年 4 月第 1 版　2020 年 4 月第 1 次印刷　责任校对／刘亚男

定　　　价／49.00 元　　　　　　　　　　　责任印制／李志强

总 序

2008 年，广西全面启动了首轮 3 年职业教育攻坚战；2011 年，广西又进行了为期 5 年的深化职业教育攻坚。2009 年，广西壮族自治区人民政府与教育部签订了《国家民族地区职业教育综合改革试验区共建协议》；2013 年再次与教育部签署了深化共建试验区的协议。两轮职业教育攻坚、两次部区共建职业教育试验区，推动广西职业教育发展步入快车道。随着国家《中国制造 2025》《现代职业教育体系建设规划（2014—2020 年）》《高技能人才队伍建设中长期规划（2010—2020 年）》的实施、"互联网 +" 新业态发展与 "一带一路" 合作倡议的提出，特别是近年来《国家职业教育改革实施方案》《深化新时代职业教育 "双师型" 教师队伍建设改革实施方案》等一系列加快职业教育技术技能型人才培养、深化职业教育与高素质 "双师型" 教师队伍发展的战略举措出台实施，为广西职业教育的发展带来了新机遇、新挑战，也提出了新目标、新要求。

"兴教之道在于师"。加快发展现代职业教育，提升技术技能人才培养能力，教师队伍建设是关键。广西壮族自治区教育厅从 2010 年开始实施广西中等职业学校名师培养工程，为广西中职名师的脱颖而出铺路架桥，着力打造一支高素质、高层次、专家型的广西中职名师队伍，提高广西中职教师队伍整体建设水平，促进完善德技并修、工学结合育人机制，推动广西中等职业教育质量提升和现代化发展，为促进广西经济社会发展提供优质技术技能人才资源支撑。在广西第一期中等职业学校名师培养工程（2010—2015 年）取得良好成效的基础上，广西师范大学作为承办单位，在广西第二期中等职业学校名师培养工程（2016—2019 年）实施过程中，进一步探索中职教师专业发展规律，采取 "多元开放、理实交融、项目驱动、道技相长" 四位一体的培养模式和 "结构化与个性化结合、技能性与学理性并重、导师制与自驱动共融" 的培训策略，将阶段性集中培训、岗位自主研修和全过程跟踪指导有机结合，实现对中职名师培养对象的多维度、系统化培养。

教师的发展与提高，一靠内生动力，二靠资源条件。教师专业化培训是帮助教师学习、提高教育教学技能与实践创新能力的重要途径。广西中等职业学校名师培养工程为有发展潜质和强烈进取精神的优秀中职教师搭建一个视野宽广、资源丰富的学习和锻炼的高层次平台，创造一个中职优秀教师集聚的学习型组织、一个共同发展的精神家园。中职名师并非可以通过培养工程项目结业一蹴而就，因为中职名师需要实践的锤炼和时光的磨砺，需要更多实绩的证明和社会的认同。如果被培养者有强烈的自主发展意识，有主动学习的动力，珍惜培养机会，挖掘自身潜能，认真向导师、同伴学习，在教育教学实践中不断超越自我、追求卓越，那么善教学、会研究、有创新，获得学生欢迎、行业认可的中职名师就一定会层出不穷。

令人欣喜的是，广西第二期中等职业学校名师培养工程的学员们在3年培养期里取得了突出成绩，涌现出国家"万人计划"教学名师、全国优秀教师、广西教学名师、特级教师等新一代中职教育领军人物，在广西中职教师群体中发挥了示范引领作用，成为广西职业教育发展的中坚力量。广西中等职业学校名师培养工程已经成为广西中职师资培训的特色品牌，被誉为"着眼和服务广西职业教育未来发展的教师教育工程"，在广西中职教师队伍建设工作中具有里程碑的意义。

着眼于进一步发挥中职名师培养对象的社会贡献，辐射培训基地师资培养经验，"广西第二期中职名师培养工程成果书系"得以编纂出版，使广西广大中职教育同仁能够共享这一优秀师资培训工程的资源与成果。在这套成果书系中，生动地呈现了善学习、会思考、充满责任感和使命感的培养对象、专家导师等个体形象，以及由他们共同组成的优秀教师群体和专业化培训团队的形象。学海无涯，总结提炼其求索成长路上的进取与感悟、心得与智慧，对广西中等职业学校名师培养工程具有一定的借鉴意义。

中职教师队伍的建设，任重道远；中职教师教育的创新，前路漫漫。诚愿广西中等职业学校名师培养工程系列成果能在关心广西中职教育的教育工作者和业界朋友中引起共鸣，进一步激活广西中职教育发展的蓬勃力量和无穷智慧，为广西职业教育改革发展提供人才保障和智力支持做出更多贡献。

是以为序，与广大中职教育同仁共励共勉。

本书编委会

前　言

在新形势下，中等职业学校之间的竞争是人才培养质量的竞争，而人才培养质量必须靠学校内涵建设支撑。中等职业学校内涵建设必须以承载起满足当前经济社会需求和学生未来可持续发展的个性需要为己任。因此，中等职业学校内涵建设应该实施好引领、场景、载体、抓手、品牌、保障六大策略。

中等职业学校内涵建设是一项长期而艰巨的系统工程，必须要有良好的机制和相应的模式作保障，才能坚持下去并取得成果。为了推进内涵建设，中等职业学校的教学管理要在常规的精细化管理基础上不断探索教学过程管理、教师成果管理、课程优化管理、专业建设与产业对接管理等，不断创新教学评价机制，促进内涵建设有序进行。在模式创新上，要不断探索和实践"学校即企业"的校企合作模式、"教室即车间"的实训室建设模式、"教师即导师"的"双高"教师培养模式、"学生即员工"的学生职业化培养模式、"作品即商品"的生产型实训模式等，通过创新和实践等办学模式，确保内涵建设按照正确的方向和目标推进，最终实现中等职业学校的内涵式发展。

任何组织都会经历诞生、成长、成熟、衰亡的生命周期。广西壮族自治区中等职业学校国改示范学校在验收通过后，进入了"后示范"建设时期，只有充分运用组织生命周期理论，不断反思并鞭策自己才能不断发展。本专著通过分析广西现阶段中职"后示范"建设中自身存在的问题，以研究学校专业发展的路径为中心，提出了技能大赛、课程建设、中高等职业教育衔接、专业化教师团队建设、名师工作坊的建设、现代学徒制的实施六大方面可促进专业发展的、可复制的有效方法，同时，各章节也分别引入了广西各中等职业学校的优秀成果案例，希望能在学校"后示范"建设期专业建设方面给读者带来一些启发，以便相互交流与促进。

目　录

第一章 "后示范"建设时期 中等职业学校的发展问题 及内涵提升的需求思考

第一节 "后示范"建设时期中等职业学校的 发展问题

一、依经验求发展，丧失职教吸引力

"后示范"阶段中等职业学校因受到示范阶段经验的影响，仍然依从大规模培养初、中技工的定位，其专业和课程设置容易脱离社会需求导致因定位不准带来的系列困境。从教育功能理论的视角出发，中等职业教育应首先满足经济社会发展的需要，体现学校的"职业性"；其次应满足学生个人发展的需求，体现出"中学性"。后示范中等职业学校必须清晰地认识到满足就业需求的同时还需要为部分学生的升学提供服务。还有些中等职业学校由于对后示范阶段人才培养目标定位不清，不顾学生升学需求，继续强调技术型、实用型人才培养，忽视了对学生通用能力的培养，致使中等职业教育在高考制度改革之后仍然处于事实上的"断头教育"境地，丧失了其吸引力。

二、专业设置盘错交互，专业结构不合理

中等职业学校专业设置应综合考虑区域经济发展、产业升级、人

力资源需求等多方面因素，通过全面分析再确定该申报什么新专业或如何调整原有的旧专业。然而目前较为普遍的情况是广西中等职业学校的专业结构还不够科学，这个问题表现为部分"热门专业"布点过多。如 2015 年"计算机应用""汽车运用与维修""电子电器应用与维修" 3 个专业的布点数分别达到 148 个、120 个、88 个；在校生人数分别为 30 123 人、38 834 人、14 221 人。这 3 个专业的在校生总人数达到了全区中等职业学校所有专业在校生总人数的三分之一，专业重复建设现象严重。部分专业招生困难、专业对口就业率低、专业面向的市场范围小，仍有学校在申报、设置。广西经济产业转型升级所需要的"新型专业"无人问津，比如"核电"等能源专业。专业难以满足行业企业需求，专业服务社会能力弱。部分学校专业设置具有随意性、盲目性，专业建设目标不明确、专业建设方法不合理，难以形成专业办学特色。

三、校企深度合作徒有其表，外强中干

2010 年以来，产教融合、校企合作已经成为当前职业教育发展的核心主题，是新时期办好职业教育的关键所在。2014 年 6 月，国务院颁发的《国务院关于大力发展职业教育的决定》要求"深化产教融合，鼓励行业和企业举办或参与举办职业教育，发挥企业重要办学主体作用"。2017 年 12 月出台的《国务院办公厅关于深化产教融合的若干意见》（国办发〔2017〕95 号）将产教融合、校企合作作为整个教育发展的总体要求并上升到国家教育改革和人才开发的整体制度安排中。2018 年 4 月，教育部等六部委联合发布的《职业学校校企合作促进办法》（教职成〔2018〕1 号）对"产教融合型"企业予以专门政策支持。在各项政策的指引下，经过多年的实践探索，我国职业教育在产教融合、校企合作方面取得了丰硕成果，但还存在国家政策和配套机制落实不到位、作用不明显，中等职业院校"教"和"产"发展不协调，产教双向对接渠道不顺畅，企业和社会力量参与意愿不足等问题。相比以上新出台的各项政策，《国家职业教育改革实施方案》对校企双方有了更多、更明确、操作性更强的支持措施。

校企合作是中等职业学校专业办学的重要举措，其主要方式有校企合作办学、双主体育人，共同开发并制订人才培养目标。然而目前较为普遍的情况是，广西壮族自治区中等职业学校和企业签订的校企合作的协议大多只是停留在纸面上的文字，并没有在实践中真正落实到位，校企合作不具有实质性。"学校热、企业冷"的现象非常明显，校企合作的密切关系难以形成，校企合作双赢的利益共同体难以形成。国家积极倡导的"现代学徒制""混合所有制"试点难以打开局面。校企合作运行机制缺失，集团化办学困难重重，"现代学徒制"办学也是处于起步、摸索阶段，难以形成一定的办学效益；"混合所有制"办学也处于起步、摸索阶段，存在着各种各样的问题，而且还有部分学校在校企合作中造成国有资产的流失。由于校企合作机制问题一直没有得到很好的解决，导致中等职业教育专业和课程设置紧密对接企业问题的发生。教材企业化程度低、内容与企业需求脱节，岗位工作流程不明确；学校对参与校企合作教师的激励不到位；有企业经验的"双师型"教师严重不足；中等职业学校教师参与企业产品技术研发、项目运作的成熟案例偏少，多数教师专业服务社会的能力较弱。

四、教师队伍年轻化程度高，职业成长周期慢

中等职业学校教师的水平决定中等职业学校的教学质量。伴随着广西壮族自治区中等职业学校的快速发展和规模的进一步扩大，中等职业院校教师队伍存在的诸多问题也逐渐显露出来，如教师结构不合理、教师培训和提升通道不健全等。

1. 专职教师建设不足

第一，中等职业学校的专职教师结构不合理。其主要表现在有初级、中级讲师职称的教师所占比例较大，而有高级讲师职称，特别是正高级讲师职称教师的数量有待提升。科研能力的梯度不明显，导致初级、中级讲师职称教师能力的提升缺乏对应指导，晋升缓慢。此外，随着市场经济的快速发展，急功近利的心态也开始抬头，中等职业学校教师的职称不能得到快速晋升，从而导致教师对教学工作缺乏热情，出现倦怠期。

第二，中等职业学校的教师发展主要通过校本培训，缺乏有力保障，而针对中等职业学校教师的高水平对口专业的大学和出国进修的机会、政策支持、通道偏少。

第三，激励和评价机制不健全，没有达到多元客观的评价；激励机制过于单一，影响专职教师的工作积极性。

2. 兼职教师管理不完善

中等职业教育主要培养的是实践应用能力强的人才，然而现今的经济社会发展迅猛，许多职业岗位要求不断变化，因此，中等职业学校的部分专业课程具有不稳定的特点，这决定了其教师的多元性。聘任兼职教师是改善教学师资结构的重要途径。聘用兼职教师能够适应灵活多样的应用型人才培养模式，获得高水平专家的指导，节约中等职业院校的办学成本，并且能够大幅缓解专职教师教学工作量的压力。目前，广西壮族自治区中等职业学校在兼职教师管理中存在的主要问题有：第一，兼职教师管理制度滞后且教学水平缺乏保障；第二，兼职教师不稳定，缺少对中等职业学校的责任心和归属感；第三，评估和考核制度对兼职教师的约束力较小，难以对其进行有效管理。以上三个问题严重削弱了中等职业学校兼职教师的价值，影响了中等职业学校的教学水平，甚至因少数兼职教师不负责任的态度和行为让学生和家长产生了对学校的不信任。

3. "双师型"教师发展机制不健全

一方面，中等职业学校为快速提升学校整体科研力量和教师学历水平，在教师招聘时优先聘用应届硕士生以强化学校的人才储备。这些教师理论水平过硬，归纳总结能力很强，但缺乏在一线工作的实践经验，而且解决实际问题的能力较差。另一方面，学校外聘来自企业的管理或技术人员从事教学工作，他们岗位实践经验丰富，但授课水平有限，缺乏学情分析能力，对课堂的驾驭能力有待提高。此外，这些外聘教师还面临体制内单位教师管理适应性差的问题。目前，中等职业学校中同时具备高理论水平和实践经验的"双师型"教师数量较少，缺少相应的"双师型"教师建设机制，

"双师型"教师发展缓慢。

第二节 内涵建设的概念、意义

中等职业教育的发展，经历了多年的政策、资金、设备和场地的困扰，一度陷入办学艰难的境地，整体步入发展低谷。2008年以来，各地强力实施"职教攻坚"计划，中等职业学校学生资助和免学费政策全面落实，财政资金总投入超出过去十多年的总和，这一系列举措使中等职业教育迅速崛起，中等职业学校办学基础能力迅速提升，中等职业学校在校生整体规模基本与普通高中相当。中等职业教育今后的发展何去何从？既然规模不可能无限扩张，中等职业教育的发展只有回归到教育教学质量的提升上来。作为中等职业教育办学载体的中等职业学校将迎来更为激烈的竞争时期，即学校之间教育教学质量的大比拼，而教学质量必须靠学校内涵建设支撑，因此，广西壮族自治区职业教育界也不约而同地将目光聚焦到中等职业学校的内涵建设。

一、中等职业学校内涵建设概念的解读

相对于外延而言，内涵是指一个概念所概括的思维对象本质属性的总和。内涵建设根据事物发展的本质属性，推动事物朝健康、高效、有序的方向发展。中等职业学校的内涵建设就是中等职业学校这个思维对象的本质属性问题：中等职业学校是中等职业教育办学的载体，其职业教育属性包含教育属性和职业属性，培养的不是被动的"知识存储器"和"技能机器人"；职业教育最本质的属性和社会功能是"使人与职业相结合"，即通过职业教育，把一个自然人培养成一个社会所需的职业人，但又不仅仅是一个纯粹的职业人，而是一个要生存、要发展的社会职业人。因此，中等职业学校内涵建设是指涉及人才培养的所有要素（如理念、文化、场景、师资、课程、管理、教学、评价等）。在学校机制综合运行下，内涵建设一方面要能够承载起满足当前社会需求的重任，即学生毕业后，就能上岗直接创造价值，满足产业行业发展对高素质技能型人才的需求；另一方面还要能够承载起满足受教育者未来发展

个性需求的重任，即为学生未来的生活、生存、创新、职业发展、人生发展奠定基础。

二、中等职业学校内涵建设的意义

（一）职业教育规律和本质属性的内在需要

职业教育与经济社会发展辩证关系的规律是职业教育的基本规律，经济发展的需求直接影响职业教育的发展，而职业教育的发展又反作用于经济社会的发展。职业教育最本质的属性是职业属性，不同的经济社会阶段和不同行业的职业对从业者的知识、技能和素养要求是不同的。这两者都要求中职学校的办学要素必须与时俱进，符合当前经济社会发展和产业行业发展的需求。因此，中职学校的内涵建设是职业教育规律和本质属性的内在需要。

（二）中等职业学校生存和发展的内在需要

进入 21 世纪以来，在国家倡导大力发展职业教育的背景下，中等职业学校如雨后春笋般出现。现在的中等职业学校，得益于职教攻坚成果，应该说在"硬实力"方面都比较过硬；但是，接下来的"软实力"竞争更为残酷。若一所中等职业学校不被大家需要和认可，再好的设备、再大的校园也只有逐渐闲置，招不到学生。因此，加强内涵建设、不断优化办学要素并不断提升"软实力"，是中等职业学校生存和发展的内在需要。

（三）教师发展、学生发展的内在需要

教师和学生是中等职业学校两类最关键的人群。中等职业学校应该遵循学校发展、教师发展、学生发展的"三维发展"理念，在着眼于学校发展的同时，切莫忽略了教师和学生的发展。教师是学校内涵建设的核心要素，学校应采用优化机制、搭建平台、荣誉鼓励、绩效奖励等配套措施引导教师投身内涵建设工作，实现教师的自主发展并促使优秀教师卓越发展，使其体验职业获得感。学生是学校内涵建设的主要受益者，也是内涵建设接受社会检验的主要对象，学校要将内涵建设的着力点放在学生的培养上，不断提升和优化办学要素，使中

职学校的学生毕业后不仅能满足就业、立业的需求，而且还能满足自己未来发展的个性需要。

三、探索教学诊改，提高教学质量

广西壮族自治区中等职业示范学校的建设在促使学校人才培养工作方面取得了突出成绩。但各学校对于取得的成绩非常冷静，认为学校教学质量仍存在很大的提升空间，对于下一步该从何处着手进一步提高质量的问题，广西壮族自治区教育厅高度重视，以星级达标学校认定为抓手，各学校以教育部提出的教学工作诊断与改进为切入点，探索进一步提高教学质量的方式与途径。

下面以柳州市第二职业技术学校教学诊断与改进工作为例。

首先，全员培训，更新观念。学校领导班子高度重视，按照"三全"（全员、全过程、全方位质量管理）的要求，首先在全校开展专题讲座培训，听取专家对《教育部办公厅关于建立职业院校教学工作诊断与改进制度的通知》（教职成厅〔2015〕2号）、《教育部职成司关于做好中等职业学校教学诊断与改进工作的通知》（教职成司函〔2016〕37号）等文件的解读。通过培训学校认识到开展教学诊改是持续提高技术技能人才培养质量的重要举措和制度安排，也是学校建设省级卓越中等职业学校的内在要求。学校要根据自身的办学理念、办学定位、人才培养目标，聚焦专业设置与条件、教师队伍与建设、课程体系与改革、课堂教学与实践、学校管理与制度、校企合作与创新、质量监控与成效等人才培养工作要素，查找不足并完善提高工作水平。

其次，顶层设计，规划先行。学校以校长为第一责任人，成立学校教学诊改工作领导小组，设立诊改办，建立教学诊改专家委员会。研制出具有本校特色的《关于建立教学工作诊断与改进制度的总体方案》，从制度设计、组织设计、人员配备、程序安排等方面对教学诊改进行总体规划并提请省、市教育行政部门复核。

再次，落实责任，明确标准。学校的教学诊改共设立6个诊断项目、16个诊断要素、131个诊断点，并分别落实质量保证责任部门。学校对各断点所涉及的教学工作，以"五纵五横一平台"内部质量保证制度体系为框架，立足于横向定标准，纵向抓落实原则，对决策指挥、质量生成、资源建设、支持服务、监督控制五个纵向系统在学校、专业、课程、教师、学生五个横向层面的质量职能进行梳理，制订完善了各项规划与计划、管理制度、工作质量标准、管理程序，并与教育部中等职业学校人才培养工作状态数据管理系统相结合，着手搭建学校教学诊改工作信息化管理平台。

最后，把握要点，有序诊改。学校结合《教育质量年度报告》的撰写，对教学质量保证体系各要素开展试诊，收集填写各诊断点的实际数据（包括数量指标与文字信息），将初步诊断结果与学校《卓越中等职业学校建设项目任务书》中的各项指标的目标值进行比较，找出学校教育教学工作与专业建设中存在的主要问题。学校召开教学诊改专题工作会议，寻找问题形成的原因与主要影响因素，进行相应的改进决策，形成改进行动方案和时间表。下一步将按照"八字质量改进螺旋"和"PDCA＋知识创新"的质量保证运行机制，持续推进教学诊改措施的落实。

效果是对行动的检验。只有行动没有效果是行不通的，没有行动的效果是不存在的。行动是效果产生的必要条件。专业诊断与改进包括诊断、改进两种行动，诊断称为行动一，改进称为行动二。诊断的效果是全体专业教师全面掌握专业建设状况，包括专业建设的优势和劣势、机遇和挑战；改进的效果是专业建设迎难而上、瓦解专业建设问题、实现专业建设质量提高。专业教师应始终树立"诊断是方法、改进是目的"的理念，改进的效果远远大于诊断的效果。如果说效果是结果，那么诊断的结果是发现"病症"与"病因"，改进的结果是根据"病因"治疗"疾病"。专业建设是一个系统工程，涉及包括专业设置、专业师资队伍建设等六大部分。因此，专业诊断与改进关注的效果也是多方面、多角度的。

第三节　学校实际选择发展的突破口

2010 年 6 月，教育部、人力资源社会保障部、财政部（以下简称

"三部委"）联合启动"国家中等职业教育改革发展示范学校建设计划"。2011 年 7 月—2013 年 8 月，三部委分三批批复了 1 000 所学校正式启动示范学校建设的计划。截至目前，三批建设学校中的绝大多数已经顺利完成了建设任务并通过国家验收。这些示范学校在完成建设任务的探索中，成为改革的先锋，在创新人才培养模式、改革教学模式、深化课程改革、加强师资队伍建设和完善内部管理等方面进行了有益的尝试和探索，取得了优异的成绩。

一旦通过示范学校建设项目的验收，中职学校即进入示范学校的"后示范"建设时期。"后示范"指的是站在示范学校建设的成绩上，面对新形势，学校更需要找准发展的方向和路径以推动内涵发展，切实发挥在中等职业教育改革发展中的引领、骨干和辐射作用，提升职业教育的整体发展水平。教育部副部长鲁昕曾提出，按照深化教育领域综合改革的总体要求，探索开展示范学校的"后示范"建设要更加注重推进体制机制创新，更加注重现代职教体系建设等八项重点工作。这既是中职示范学校在"后示范"建设时期发展方向的指引，也是各方应着力研究和解决的普遍性问题，具有宏观的导向和战略指导意义。在"后示范"建设时期，根本任务仍是要加强内涵建设，提升学校核心竞争力，提高办学水平。各地各校所处的社会发展环境不一样，各自面临的发展困惑和瓶颈问题也不一样，除了围绕以上八个重点建设着力点抓实抓好"后示范"建设，还要对学校内部推动改革发展的重要环节和因素进行科学分析和准确把握。结合部分示范学校的既有经验和发展规划，总结剖析并科学归纳，明确"后示范"建设学校应从立德树人、凝心聚力方面形成合力，抓住课程这一改革发展核心，提升师资队伍质量并充分发挥职教科研的积极作用等关键因素，进一步推动学校工作重心，将其落实到深化改革、强化内涵、提高质量上来，扎实地练好"内功"。

一、立德树人是"后示范"建设的首要任务

教育的起点在人，过程在人，最根本的目标和最终极的归宿也在人。中等职业教育不仅要给予受教育者知识、技能，而且要培育其能

力、情感，促进其德、智、体、美诸方面的协调发展。示范学校建设最终是为了培养高素质技术技能型人才，要始终将立德树人作为学校发展示范建设的首要任务。即培养的学生不再是单一的知识型或技能型人才，还必须拥有良好的职业道德和职业修养。在"后示范"建设中，学校坚持"以人为本，德育为先"的教育理念和原则，以规定的专门德育课程为主线，统筹各课程的育德功能，串联家庭和社会教育对学校德育工作的支持，依据中等职业学校学生的身心特点和成长规律，顶层设计、科学安排德育内容，合理选择德育方法，按照立德树人的本质要求不断创新德育教育实践，取得实效。

案例：

《依托"好"系列活动引领学生成长、成才、成功》

——柳州市第二职业技术学校好字系列活动育人典型案例

学校的德育育人工作，紧密结合学校办学思想及"厚德精技、求真尚美"的办学核心理念，坚持以"金石文化、工匠精神"为引领。通过多年来的实践和努力，形成我校"礼""艺"的德育特色，现在我校在已有成绩的基础上不断深化德育内涵，扩展教育形式，将德育相关内容汇聚成具有浓郁学校特色的活动，围绕"好"字，实施序列化、系统化活动设计，组成"好学员、好戏剧、好读者、好声音"四大主题活动。

好学员：即"二职好学员"专业工作过程知识比赛，旨在从参与活动的学生入手，系统地建立工作过程知识体系并示范与辐射至更多学生，帮助我校学生认识专业，明确专业学习目标，了解未来能够从事的职业和岗位，从而让学生充分利用在校的美好时光，更有效地规划学习和生活，树立正确的就业观。"好学员"主题活动是学校学风建设类的一项大型活动，更是德育主线上的又一新举措。

好戏剧：是基于心理剧的理论基础之上发展而来的一种校园戏剧形式和一种富有成效和极具特色的团体心理辅导方式，侧重于校园心理情景剧。这个活动的本质就是把学生在生活、学习、交往中的心理冲突、烦恼、困惑等,以小品表演、角色扮演、情景对话等方式编成"小剧本"进行表演。剧中融入心理学的知识原理和技巧,由学生表演发生在他们身边那些熟悉的,甚至是亲身经历的事,从中体验心理的细微变化,进而达到宣泄和释放压力的目的,并领悟其中的道理,同时也对观看者起到一定的引导作用。

好读者:这是一档集经典诵读和学生舞台表演的同台竞技的主题活动,从选文、舞台表现力、语言感染力、普通话四个方面进行评分。在诵读经典的过程中让学生接受最美、最善良、最高雅的文化熏陶。这个活动最重要的是为学生养成良好的习惯,塑造高尚优雅的人格。

好声音:舞台让音乐梦想触手可及,音乐促进学生向美提升。"好声音"是我校参照"中国好声音"栏目流程,结合学生实际情况全力打造的学生品牌活动。经过全校性的海选,选出好声音学员,先后进行导师争夺战、导师考核战、巅峰总决赛三场大型比赛活动,决出每一届好声音的名次。"二职好声音"作为柳州市第二职业学校"好系列"主题活动中的一项品牌活动,点燃了莘莘学子的梦想与激情。

多年的实践和深化,让学生在"好系列"主题活动中得到名师的言传身教,在浓郁的学校特色德育活动中提升尚美素养,更进一步加快校园"厚德精技、求真尚美"办学理念的传播与浸润,让它深入师生心中,引领师生的成长、成才和成功,从一个胜利走向另一个胜利。

二、统整思想,加强学习是"后示范"建设的基石

当国家示范建设学校验收顺利通过后,许多学校的管理者和老师会出现两种变化,一是心态,即辛苦之后的放松,逐渐变为松懈;二是缺失了高目标和高标准的指引,将工作退回到惯性轨道上,成绩是成绩,常态工作是常态工作,以成绩为平台进行进一步探索的行动不够。在"后示范"时期,如何在新的发展格局和形势下继续国家示范学校的优越感,需要每一位教职员工思索和努力。

1. 凝心聚力,进一步明确学校定位和发展目标

面对将"后示范"做好做实的现实,中职示范学校更应该注重团

结学校全体教职员工，凝心聚力，进一步明确学校的定位和发展目标，在先进办学理念的统领下进行人才培养模式的整体建构。统一思想，让每一位教职员工都明确学校未来的发展规划，把学校的建设发展和每位学生的成长、成才作为自己义不容辞的责任，始终保有职业热情和奋斗奉献的精神，共同努力。

2. 加强学习，更新理念，与时俱进

有的示范学校存在一个共同的局限，除了学校管理层和直接参与示范学校建设的教师，部分一线教师对重大教育政策方针和先进教育理念的学习不够，这种不平衡对接直接导致的后果就是管理者与一线教师产生隔阂与距离感，导致教育教学低效。每一位教师只有加强学习并树立科学的、先进的职业教育发展观和办学理念，才能更好地贯彻党的教育方针，克服心浮气躁、急功近利的心态，避免在"后示范"建设时期陷入形式主义的泥潭。

三、深入推进课程改革是"后示范"建设的核心

在构建现代职教体系的过程中，深入推进中等职业教育课程改革，积极探索、勇于实践，是中等职业教育改革发展的关键。

1. 深化专业课程改革，凸显优势和特色

在示范学校的建设中，科学规划、统筹推进，对基础好、优势突出和特色鲜明的专业进行科学有效的重点建设，带动相关专业的共同发展，在此过程中，学校不断创新课程内容和人才培养模式实践，强化技术技能型人才培养。接下来，还应将这种优势继续扩大并推广成果。专业建设是一所职业学校的特色和优势所在，在"后示范"期，学校应紧跟产业结构调整、技术升级的经济发展新常态，将传统优势专业做得更强更大，同时努力发展一些符合区域经济发展和当地行业企业发展所需的、具有发展远景的专业，强化市场调研，完善落实人才培养方案，进一步彰显办学特色。

例如，广西理工职业技术学校建筑工程施工专业在校企合作中不断探索和实践"教、学、做"的结合，沿着企业需求和学校发展两条线，构建出"双线并行、寓学于工"的人才培养模式；"汽车运用与维修"

专业形成三年四阶段"岗位引领、能力分段提升"人才培养模式等。人才培养模式的制订为专业育人确立了纲领，在"后示范"建设中专业建设的改革与创新，明确了自己的基础和方向。

广西理工职业技术学校的"建筑工程施工"专业以往的教学主要是在教室里上课，课堂教学方式以老师灌输知识为主，教学内容脱离实际，学生的主体作用得不到发挥，专业技能、职业素养、行为习惯难以达到企业对职业岗位的要求，导致毕业生不能适应首次聘用岗位的工作需求。针对这些问题，学校通过校企合作，探索出"做、学、教"结合的"工地—学校"教学模式，将工地搬进学校，把课堂搬到工地，做到教学场地与生产工地、教学项目与施工任务、指导教师与工地师傅、教学实施与施工过程有机衔接，彻底改变了以讲授为主、以教师为中心的传统教学模式。以任务驱动实施教学，以岗位需求引导教学、改革教学、创新教学，这是"后示范"建设必须坚持的原则。

广西理工职业技术学校各专业重构了以能力为核心、重过程性考核的多方位、多层次学生评价体系。在"后示范"建设中，对评价考核进一步研究和明确高权重要素，确立其合理性和可操作性，尤其是校外实习、实训时，由企业技术人员依据工作岗位要求、学生表现考核评价学生等，是目前考核评价的薄弱环节。做足与做好"七项建设任务"示范学校建设取得成功，稳固基础地改革与创新，是"后示范"建设可持续发展、跨越式发展的核心与关键。

2. 同步推动公共基础课程改革发展

相对地，公共基础课程的改革步伐滞后于专业课程改革步伐，有的学校公共基础课的课堂甚至还复制沿用普通教育的教学方式。职业技术学校的学生不应仅有技术和技能硬实力，也要有支撑后职业发展和可持续发展的文化素养软实力。接下来示范学校应坚持"整合资源、注重内涵、提升质量、面向未来"的原则，锐意改革，加强文化基础课教育，注重学生的全面发展和综合素质的培养。在学习内容上应在注重基础性和人文性的同时，根据学生的成长和专业的需要适当调整课程内容，构建与学生职业能力密切相关的课程系统。在评价上，构建科学的可操作的学科、教师、学生等综合评价体系，保证公共基础课程的改革有实效性。

3. 关注课堂教学，提升教育质量

教学工作以课堂教学为中心。课堂是切实落实教育思想和理念的场所，也是课程改革最终的落脚点和实验田。课堂教学以提高质量为中心。质量的提升直接帮助实现学生成长。各专业部、各公共基础课教研组强化质量意识，坚持把对学生能力的培养放在首位，同时注重课程的实用性。在课堂教学中，教师应该依据专业和课程的特点，创新课堂教学内容，优化课堂教学方法，坚持专业课程设置与岗位职业能力要求同步，运用项目教学、任务教学和情景教学、案例教学等教学方法，保证教学有效性的落实。在课堂上充分发挥学生主体作用，调动学生积极性并增强互动，提升教学效果。

课堂是名师成长的沃土，职教名师无一不是在课堂中锤炼出来的。这种锤炼不仅体现在教学经验的不断累积、教学方法的越发老练、课堂驾驭的日益灵活上，更体现在课堂教学的持续改进上。教师教学水平的提高、教学技艺的精湛是以课堂教学的持续改进为基础的，这种改进意味着教师不可能"重复昨天的故事"，每天都在琢磨优化教学设计、改进教法、丰富学法，让课堂每天都发生"静悄悄的革命"。这种"静悄悄的革命"预示着教师的教学改革是经过总体设计的，是有规划的，是分阶段、递进式的。每位名师的心中都有属于自己的理想课堂图谱，他们往往将理想的课堂愿景分解为若干递进的课堂形态，持续推动教学生态的优化，不断趋近教学的"理想国"。很多教师也有改革课堂愿望的激情，只是这种改革是率性的、应景的，甚至只是为了追赶潮流，缺乏足够的定力和耐力。

四、高素质的师资队伍是"后示范"建设的保障

拥有一支素质优良、结构合理的职教教师队伍，是学校发展的重要内容。示范学校要进一步完善符合中等职业教育特点和学校实际的教师管理机制，首先应针对教师的职业道德、专业教学能力、课程建设和科

研能力进行全面科学的考核；其次要加大培养力度，鼓励教师参加进修和培训，加强校本培训，构建教师的成长通道；最后以建设高素质"双师型"教师队伍为重点，完善学校师资队伍的建设。学校可以从企业引进能工巧匠，吸引既有丰富实践生产经验又有突出专业技能的人才到校，这样不仅可以优化教师整体结构，还可以让他们指导专业教师进行实践训练，促进专业的建设和发展。

案例：

师资队伍是学校培养高技能人才的源泉，"后示范"建设的根本工作是有计划、有针对性地整体提高教师队伍的师德与师能。广西理工职业技术学校的"育师"和"炼师"做法有借鉴意义。学校的总目标是打造"特别能吃苦、特别能战斗、特别能奉献"的"钢筋混凝土式"教师队伍。其做法如下：

1. 建设"六同"为内涵的"钢筋混凝土式"的教师队伍

广西理工职业技术学校以"思想同心、目标同向、工作同步、责任同负、风险同担、利益同享"为教师队伍建设内涵，深入地开展师德建设工作。重视师德建设，深入开展师德教育活动，以自觉履行我国《教师法》规定的权利和义务积极开展师德教育宣传活动；以自己的言行举止实践与维护校训、校风、教风，宣传师德建设先进典型和事迹；交流师德建设经验，增强教师的职业光荣感，教书育人责任感、使命感和学校主人翁意识；落实《教师职业道德规范》，把教师个人的成长与学校的发展、学科的发展紧密结合起来，使其自觉地投入教学和科研工作中，模范遵守职业道德规范，爱校爱生、严谨笃学，以渊博的学识和人格魅力教育并感染学生，做学生健康成长的指导者和引路人，形成"爱岗敬业、团结协作、无私奉献、奋勇争先、开拓创新"的理工人精神。

2. 开展"多元立体"培养与交流，拓宽职教视野，探索举办国际水准的职业教育的路子

秉承"学习新加坡、美国、德国，走进北上广，借鉴新疆、山东、西藏，建设新理工"的建设思路，广西理工职业技术学校对教师队伍开

展"多元立体"培养与交流。其具体措施如下：

（1）走出国门，开阔视野。与国外大学签订合作办学协议并送培教师，探索国际合作办学路子；校领导、骨干教师到新加坡、美国及我国台湾地区等学习交流，参与中国—东盟职业教育展等，学习其先进的办学理念和经验，拓宽教师的国际化视野，引导教师将全新的国际化教育教学理念和教学方法运用到实际工作中。

（2）高端引领，把先进职教理念和经验带进校门。邀请全国职业教育专家马树超、邓泽民、戴士弘，还有清华大学张学政、赵之璋教授，聘请全国中职知名校长——上海信息技术学校邬宪伟教授来校讲学，传授职业教育理念，展望职业教育的未来；聘请广西壮族自治区教育专家钟德卫为学校客座教授，长期指导学校教师的教学教改和教育科研工作；聘请广西壮族自治区职业教育专家和评估专家全程指导学校的国家示范学校建设和后示范建设工作，通过"名师"授课、讲座、全程指导的方式，以榜样力量引领学校师资队伍的建设。

（3）与国内一流学校交流、探索、分享，既能示范辐射，又能提升提高。作为全国中等职业学校校长联席会广西第一批成员单位，广西理工职业技术学校多次被邀进行主旨发言。在新疆会议上，梁校长做了"以主体需求者共赢为目标探索校企合作新模式"的主旨发言；在大连会议上，莫副校长以"创新校园文化建设，推动学校大发展"与会交流，与全国200多所第一批国家示范建设学校共同切磋；参加"南方十校联盟"时，与联盟成员一起交流经验并分享成果。

3. 用现代职教要求，重塑"理工现代职教"，锻造"师能"

（1）构建师资队伍"5336"建设体系。学校以教师培养为基础，以引进人才为手段，以竞争和激励机制建设为动力，以教师绩效评价体系为保障构建师资队伍建设体系，通过"培养、引入、竞争、激励、评价"5种手段，实施3种方式培养四支队伍，三个原则引进"三高"人才，六大项目深化竞争机制，全方位评价教师业绩，打造一支结构合理、富有敬业精神和改革创新意识、适应学校发展目标要求的具有"理工人精神"及国际视野的"钢筋混凝土式"教师队伍。

（2）人人掌握现代职业教育手段，落实再造以"师能"为核心的"理工现代职教人"。为深化教学改革，学校做到"人人参与、人人过关、人人提高"，以此推进课程建设的进程。长期坚持举办说课和上示范课活动，每个专业的每门课程必须按现代职业教育理念进行教学改革，每位教师必须对所上的每门课程按教学改革的要求进行说课。把课程定位、教学内容重新整合与设计，确立教学模式、教学方法与手段，改革课程教学评价方式，提炼课程特色等。说课和上示范课活动提升了全体教师对中等职业教育新理念和新知识的学习能力，对行动导向课程开发能力，以及一体化教学能力和实践能力。

五、加强职教科研是"后示范"建设的客观需要

示范学校要进一步科学发展，应如何结合区域经济社会发展形势，走出有自己特点、有文化底蕴、有内涵的发展道路？"后示范"建设应如何持续保持成绩再创新高，提升育人质量？这些问题的回答都离不开职教科研。

示范学校在内涵发展"后示范"建设的重要阶段，尤其应注意发挥教育科研功能，带动和促进教育教学质量的提高。首先，要完善和发挥学校教科研部门对教学改革的指导与服务功能，注重培养学校教科研人才，形成合理的教科研梯队。其次，可以以校本研修活动为载体，通过专题讲座、案例分析、教材研究等手段，建立起广大教师共同承担教科研活动的工作机制，促进教师表达、交流、分享和反思。营造良好的教科研氛围，鼓励和支持教学科研人员参加专业培训，开展学术交流活动，定期召开教研教改成果总结和推广活动，使教科研活动既有扎实的过程又有丰富的成果，促进学校教科研工作向更高更广方向发展。最后，学校还应加大与行业、企业合作开展应用技术研究的力度，提升社会服务水平。

示范学校建设是阶段性的项目任务，但是中等职业学校坚定地走内涵发展的道路，提升中等职业教育质量还任重道远。将示范学校建设成果切实运用于育人实践，在"后示范"建设中取得同样成功，必须把项目的建设与学校的全面发展结合起来，抓住关键环节和影响因

素，锐意改革，实现可持续发展，助力职业教育整体改革，全面提升中等职业教育育人的质量。

六、提升社会服务能力是"后示范"建设的发力点

在全区星级学校达标建设工作蓬勃开展的背景下，作为中等职业学校内涵发展的着力点和突破口，各中等职业学校应该提升社会服务能力。当前全区中等职业院校整体社会服务能力不强，既有历史原因也有现实因素；既有主观认知方面的问题也有客观条件的限制。因此，中等职业学校教师必须认识到，提升职业院校的服务能力不可能一蹴而就，必须综合施策。具体来讲有以下3个方面：第一，提高思想认识，转变办学观念，树立社会服务意识。我国中等职业院校之所以服务能力不强，中等职业学校教师的思想认识不到位，社会服务意识缺乏是最重要的原因之一。因此，中等职业院校要增强社会服务能力，首先应从思想认识上下功夫，切实转变办学观念，树立并强化群体社会服务意识。要将社会服务能力建设放在与专业建设、教学改革同等重要的地位；加大宣传和培训力度，在全校教职工心目中树立为社会服务光荣的意识。第二，搭建中等职业院校社会服务平台，构建服务运行激励机制。搭建平台、构建机制是确保中等职业院校社会服务可持续发展的根本保障。在国家大力推进实施职业教育产教融合、校企合作的大背景下，中等职业院校应当充分利用与行业、企业开展合作的机会，搭建多元主体共同参与的社会服务平台，为职业院校师生进行社会服务活动创造机会和条件。与此同时，中等职业院校要制订教师服务社会的保障机制、激励机制和评价机制，将教师服务社会的成果作为评先评优、职称晋升、工作福利等方面的考核指标，激励教师积极开展各类社会服务。第三，中等职业学校要强化资源配置，努力改善办学条件。场地、设施、设备是中等职业学校提供社会服务的载体和工具，也是中等职业学校增强社会服务能力的重要支撑。中等职业学校要努力拓展办学资源筹集渠道，提高资源配置效率，通过加大资金和资源的投入加强基础设施建设并改善办学条件，为中等职业学校师生参与社会生产和服务活动提供更加充分的物质保障。

第二章　中等职业学校学生技能竞赛促进专业发展

第一节　学生技能竞赛的意义

一直以来，职业教育几乎成了中考失利的学生不得已的选择，"政府重视，社会轻视，家长歧视，学生蔑视"，职业教育发展的最大瓶颈一直停留在观念层面。

在 2016 年的政府工作报告中，李克强总理提出"培育精益求精的工匠精神"，使"工匠精神"成为年度最受关注的热词之一和全社会共同关注和推崇的时代气质。对于以培养技术技能人才为己任的职业教育而言，以精益求精、严谨、坚定、踏实为核心的"工匠精神"更是不可或缺的关键要素。近年来，多数文件都把办好技能竞赛作为提高职业教育质量、提升职业教育影响力的重要途径。全国职业院校技能大赛是推动职业教育事业快速发展的战略举措，也是职业院校创新发展的重要内容。职业院校开办技能大赛，既能提升学生的职业技能，又能培养其"工匠精神"，是学校提高人才培养质量的重要途径。

一、职业院校肩负着培养具备"工匠精神"技术技能人才的使命

技术技能人才是国家战略发展的重要支撑，人才质量是产业转型升级的重要保障，工匠精神是人才质量的重要内涵。不断创新人才培养模

式，更新教学内容，改进教学方法，将"工匠精神"刻在学生心中，培养产业转型升级亟须的"大国工匠"，是职业院校人才培养工作的重要使命。

（一）技术技能人才是国家战略发展的重要支撑

"中国制造"历经 30 多年风雨，为国家富强、民族振兴，为中国成为世界第二大经济体做出了巨大的贡献。2015 年，我国发布了第一个制造业发展十年战略——《中国制造 2025》，其中明确提出要实现制造强国的战略目标，必须要全面提高发展质量和核心竞争力。毫无疑问，在确定了着力发展质量的发力点后，我国比任何时候都更加需要高素质的技术技能人才。为了实现制造强国的战略目标，提供强大的人才支持和保证，教育部、人社部、工信部等部门共同编制了《制造业人才发展规划指南》（以下简称《指南》），提出到 2020 年，建设完成一支数量充足、结构合理、素质优良、充满活力的制造业人才队伍的总体目标。围绕制造业十大重点领域，《指南》以 2015 年人才总量为基础，预测了 2020 年、2025 年的人才需求和缺口总量。数据显示，今后五至十年制造业十大重点领域均有较大的人才缺口，亟需加大技术技能人才的培养力度。

（二）人才质量是产业转型升级的重要保障

产业转型升级，关键是人的升级，是职业教育的升级。随着我国"一带一路""长江经济带"国家倡议的推进，产业转型升级不断提速，对人才质量也提出更高的要求。《指南》提出"到 2020 年，制造业从业人员平均受教育年限达 11 年以上，制造业从业人员受过高等教育的比例达 22%，高技能人才占技能劳动者的比例达 28% 左右，研发人员占从业人员比例达到 6% 以上，人才的分布和层次、类型等结构更加优化"。当前，我国制造业人才支撑和制造业转型升级能力还不强。从结构上看，结构性过剩与短缺并存，制造业领域人才需求缺口大；从质量上看，领军人才和大国工匠紧缺，"工匠精神"的引领作用还不明显，制造类产业人才整体素质不高。人才质量是产业转型升级的重要保障，亟须深化改革、全面提高。

（三）"工匠精神"是人才质量的重要内涵

技术技能人才是支持经济发展的"主力军"。德国的"双元制"职业教育是培养高质量职业人才的秘密武器，为"德国制造"打下了坚实基础。在其教育过程中，始终坚持"一丝不苟、照操作办事"，正是这种"坚持"，培养了学生们严谨、负责的职业精神。技术技能型人才是否具有严谨、专注、敬业等技能和素养，对提升工艺水平，提高产品质量，起着至关重要的作用。而这些技能和素养正是"工匠精神"所具有的内涵。从这个角度分析，弘扬"工匠精神"是培养质量型人才的重要突破口之一。提升人才质量，服务产业转型升级，"治标"是培养大量具有"工匠精神"的技术技能人才；"治本"就是培育职业院校的"工匠精神"。举办职业院校技能大赛是标本兼治的手段之一。

二、职业技能大赛是培养"工匠精神"的有效途径

"长技在手，创出彩人生"。职业技能大赛是"面向校校、面向人人"的全国性赛事，近年来其社会关注度不断提高。正因为关注度高、参与面广，大赛的制度设计、竞赛组织、竞赛内容必须做到一丝不苟、精益求精。参加职业技能竞赛，不仅可以增强学生的技能、教师的水平，更重要的是培养了师生坚韧不拔、团结合作、锲而不舍的工匠精神，同步提升了师生的职业素养。

（一）制度设计促进职业院校形成"工匠精神"

《关于大力推进职业教育改革与发展的决定》中明确要求"要积极开展各种职业技能、技术竞赛活动"；《国家中长期教育改革和发展规划纲要（2010—2020）》中明确要求"开展职业技能竞赛"。这些都从顶层设计、制度层面为组织和开展职业技能竞赛奠定了基础。我国已连续举办了八届全国职业院校技能大赛，办赛规模和质量不断扩大，影响力不断提高。随着大赛制度的不断完善，国赛、区赛、市赛、校赛四级技能竞赛体系基本形成，大赛已成为职业教育与产业多元合作的平台，对职业院校专业建设起到了重要作用。大赛充分展示了职业教育的办学成果，深化了校企合作，推动了产教融合，增强了职业教育的影响力和

吸引力。目前，我国确立了"弘扬工匠精神，打造技能强国"的办学宗旨，其目的就是要培育劳动光荣、技能宝贵、创造伟大的时代风尚，培养崇尚劳动、敬业守信、精益求精、敢于创新的技术技能人才，办好具有中国特色且达到世界水平的现代职业教育，释放出巨大的人才红利，为国家富强、民族振兴、人民幸福打下坚实基础。

（二）竞赛组织促进教师重视"工匠精神"

随着竞赛内容的丰富、比赛形式的更新、竞赛水平的不断提高，职业技能大赛从过去的"求会"发展到现在的"求精"阶段，对教师和学生的职业素养都提出了更高的要求。竞赛方案设计、技术文件撰写、样题设计、赛场设计、设备与工具的确定和准备、赛题设计、裁判员遴选与培训、技术咨询、赛场组织等各项工作，均要一丝不苟，按照竞赛的标准认真组织和实施。大赛组织过程始终贯穿着"工匠精神"，引导教师在关注提高学生技能实力的同时，还要注重"工匠精神"的培养。

（三）竞赛内容促进学生追求"工匠精神"

如今，世界技能大赛是职业技能在全球领域的大比拼，号称"世界技能奥林匹克"，代表职业技能领域最高的水平。跟体育比赛相比，职业技能竞赛有相通的一面，但也略有不同。职业技能比赛也有规则和标准，规则主要有以下3个方面：

第一，特别注重质量和安全规范。技能比赛比的是快，要在规定时间内完成任务；但不单单是比快，更看重的是完成产品的质量（包括精密程度），同时对安全有很高的要求，必须把安全置于绝对前提之下，不能出现对人身有任何伤害的情况。因此，对于工具和操作流程具有严格要求。

第二，标准和企业的生产实践是紧密相关的。技能比赛的标准来源于企业生产实践的经验，经过生产实践转化为技能比赛的标准，同时又用这个标准引领职业技能培训的标准和方法的改变。这样就促成了企业生产和人才培养的零距离对接。

第三，更先进。世界技能大赛的规则不是一成不变的，是与时俱进的。特别是和最新的技术紧密结合。比如"互联网"＋"人工智能"

这一系列先进理念和技术标准，都要随时体现在大赛的标准当中，确保每个赛项都具有生命力。

三、职业院校依托职业技能大赛培养学生的"工匠精神"

（一）建立校校有技能大赛制度

职业院校应搭建技能大赛平台，建立健全校级竞赛（以下简称"校赛"）制度。以岗位技能训练为抓手，以技能比赛为平台，大力弘扬"工匠精神"。在每个专业中都应根据其特点开展以岗位技能训练为目的的职业技能大赛。根据办学实际，校级技能竞赛的内容可以是多个方面的，延伸到专业能力的各个层面，其组织形式也可以是多种方式，以专业、系部为单位，或以院校为单位开展。开办校赛的出发点必须正确，即"以大赛引领职业院校进行专业建设和课程改革，促进教学质量的提高，惠及每一位职业院校的学生"。

（二）建立师生参与技能大赛的考核制度

职业院校应建立教师指导大赛的激励制度，将技能大赛指导纳入教师绩效考核内容中。学校应把教师组织、指导学生参加各类校内外专业技能大赛列入教师年度绩效考核内容，作为评价教师教育教学工作质量的重要指标之一，对大赛获奖学生的指导教师，应给予一定的表彰和奖励。同时，职业院校应建立"面向人人"的激励制度，引导学生主动参加校级竞赛，在校赛选拔的基础上，争取省赛、国赛的参赛机会。譬如，把学生参加职业技能竞赛作为学分评定、选修课免修、优秀学生评选等活动的依据，以提高学生参加技能竞赛的积极性。

（三）建立吸引行业企业参赛的激励机制

职业院校需要结合区域特点，因地制宜，制订吸引行业企业参与校赛的激励机制，实现校企融合培养"工匠精神"的目标。职业技能大赛建立起技术技能人才与企业顶岗实习与就业的连接桥梁，促进校企深度合作，建立产、学、研、用一体化的战略合作关系，有利于校企双方积极探索和创新双主体人才培养模式，初步形成学校、企业、学生三方共赢的价值链。校、行、企合作，使行业、企业深度参与到各个层面的职业技能竞赛中，发挥企业在技术、人才和资金等方面的优势，提高校赛的质量。

第二节　学生技能竞赛促进大赛资源"六个转换"

技能竞赛引领学科专业发展，是行业发展的"天气预报"，将竞赛与专业发展、课程设置和师资培养、实训基地建设等密切关联起来，通过"六个转换"措施，促使竞赛带动相关专业和课程的发展。

一、竞赛项目转换为教学课程

首先，大赛赛点与岗位技能及课程对接。为更好地进行技能大赛成果转化，在指导学生参赛的过程中，将大赛赛点和职业岗位能力相结合，提炼主要核心课程知识点，能够为课程标准的建设和开发奠定基础，同时将大赛核心内容融入课程教学，深化课程内容改革。

其次，依托大赛建设课程标准。技能大赛基于工作过程设计赛程，其理念源于企业真实工作场所，设计模式更切合企业发展需求，将工作导向思维贯彻到课程标准制订中，引导职业教育课程在理论与实践方面的改革。根据技能大赛与岗位技能及课程的对接，提炼学生可从事的职业岗位，按照职业岗位群应掌握的知识、能力、素质等方面的要求，以知识应用为主线、能力培养为核心，对相关课程内容进行优化和整合。遵循"必需、够用"为度的原则，根据职业岗位（群）技术要求，提炼专业核心能力，确定专业核心课程并修订课程标准。将理论知识融合在实际问题和项目教学中，讲、做、练结合，教、学、做一体。在解决问题中学习理论，在动手实践中培养技能。

最后，校企合作共同开发课程。为实现职业教育培养目标、彰显职业教育特色、促使校企合作深度融合方案的理论学习阶段、综合实训阶段及顶岗实习阶段，将赛项要求以相同标准引入校企共同合作开发课程内容中；开发以职业能力培养为主线，以技能训练为主体，以工学结合为教学实施的主要方式，具有鲜明职业特色的理论教学和实践教学相结合的课程体系。

以柳州市第二职业技术学校"汽车整车与配件营销专业"为例。国赛、区赛为该专业课程设计积累了宝贵经验，启示其转变以往的课程设计内容与模式，按照当前职业教育的发展趋势与要求重新进行规划与整合。于是，柳州市第二职业技术学校"汽车与配件营销专业"立足柳州市汽车行业的发展背景，对柳州市88家汽车销售企业进行了人才需求与课程体系构建的调查。通过前期企业调研和中期召开行业内典型工作任务分析会，经过人才培养方案的论证，进一步确定了该专业的人才培养目标，更加明晰了构建的课程体系。学生在具备职业岗位所需的知识与技能的同时还要具备职业发展与迁移所必需的职业素养和学习能力。

新时期中等职业教育的目标是培养"在第一线工作的高素质劳动者和中、初级专门人才"，同时也侧重于综合职业能力和素质的提高。而全国职业院校技能大赛也更加侧重于针对学生的实践能力的检验，与其培养目标严密贴合。因此，学校在进行理论教育的同时，将实践课的安排融入常规教学之中，使技能大赛对课程体系建设的引导作用得以体现，同时也使学校的教育能够真正达到"学以致用"的目的。其中最重要的则是加大实践教学课程所占的比例，同时提升实践教学的考核标准。

二、竞赛设备转换为实训设备

（一）利用技能大赛，推动实训基地的创建与发展

创建实训基地的目的在于为学生及教师搭建实训的平台，与理论知识相配合，使学生能够在校园内开展训练活动。学生在亲自动手操作的过程中，提高了动手能力。在构建实训基地的过程中，需要在基于实践的前提下同企业的真实工作流程相配合。在技能大赛中，选用的多数是生产线上的先进设备，各个院校需要依据比赛规定对相应的技能进行练习。从中可以发现，技能比赛正逐步变成各大中等职业院校进行实践教学中的领导活动，很多职业院校都是基于此前提，利用多种方法整合资源，深化建设实训基地的。在基于当前存在的实训基地的基础上新建、

改建、扩建特定的实训基地，形成汇集教育、练习、鉴定等多功能的开放式教学场所。关注实训基地的内涵创建，制订全面的标准规定。对相关授课教师进行培训，保证其符合教学及竞赛的需求，从而提高教学质量及教学效率。另外，需要加大校内实训与社会企业联合的力度，采用订单培养、定岗实习、服务科技等方法培养新型人才。可以说，技能大赛对建设校内实训基地及校外实训基地等都发挥了重要作用，让教学内容与学生的未来发展密切结合在一起，帮助学生完善自身的成长。

（二）校内实训基地建设对接竞赛标准

2012年年底，柳州市第二职业技术学校"汽车整车与配件营销专业"利用自治区财政投资建成了区特色示范学校建设项目"汽车营销与维修实境体验中心"。该中心完全仿真汽车4S店前店后车间的布局，立体展示职业岗位工作内涵，能进行多项目、多车系、多层次营销能力的培训，在动态的教学过程中"动脑、动手、动口、动眼"，有效提升学生的专业技能。使学生一走进实境体验中心，就能感受到汽车营销的浓郁专业氛围。同时，实境体验中心还通过展示宝马、奔驰等世界知名汽车的品牌标识、营销理念，努力营造汽车文化氛围，为汽车整车与配件营销专业的学生提供超一流的教学硬环境，促进专业知识的传授和专业实践能力的培养，增强教学的实践性、针对性和实效性。当该校的教师团队带领学生进入区赛以上的各级别赛场，共享到其他承办校对接赛事布局的实训基地建设后，他们开始考虑原先采购的车型是否还具有先进性，2014年，在市财政资金的支持下，该校重新购买了新的车型及可拓展的教学软件对接赛项内容，并开始在基地内布局汽车精品柜并配套汽车同步销售训练及汽车售后服务接待精品推荐实操。目前，该校已按国赛标准配齐了汽车零配件实训设施设备，以支撑区赛、国赛要求。

三、指导团队转换为专业教师

技能大赛不仅是对学生选手能力的检验，更是对学校老师教学成果的考核。而无论何种学校，人才能力水平的高低与师资力量的强弱具有直接关系。一方面，教师的专业水准要高。当前中等职业院校的教师大多不熟悉相关岗位的实践需求。因此，在教师岗位上，应开展实践训练，反复观摩和学习，并进行自我总结。与此同时，其自身的知识储备也应有一定的扩充和更新，如此，才能更好地将专业知识结合实践传授给学生。另一方面，教师的综合素质水平要高。正如技能大赛所考核的内容一样，不仅考核某一特定专业的技能，其相关专业甚至与之相关的边缘学科均需有一定的涉猎。而作为教师，只有在这方面具有一定的积累，才能引导学生学习，并在实践中运用得当，不至于拘泥于一种学科。更重要的是，教师不仅需要具有相关知识，掌握实践技能，其创新意识和职业素质甚至道德水平也是影响学生发展的重要因素。

搭建比赛和竞赛平台。中等职业学校要根据国家的方针政策，有计划地组织各种校内比赛，鼓励教师参加各类省级、国家级比赛或指导学生参加比赛，以"赛"代练，以"赛"促练，促使教师在各类大赛中提升专业技术水平，磨炼"工匠精神"。如参加各类信息化教学大赛，促使教师打破传统教学模式，通过线上、线下等方式探索新的教学手段，创新教学模式。在整个教学比赛过程中，教师们赛前切磋，模拟比赛现场；赛中观摩，从比赛中学习其他参赛选手的优点；赛后归纳总结经验，提炼比赛精华。通过教学比赛，挖掘创新的教学方法和手段，并应用到教学中，以提高教学质量，提升教师的教学综合能力。再如指导学生参加比赛，指导教师要有开放的思维，遇到实际操作问题应敢于尝试和创新，能带领学生在实践中共同研究和探索。在带领参赛学生进行集训时，指导教师也会接触很多新设备和新技能，不但可以开阔教师的视野，而且可以使教师全面掌握用人单位对高技能人才的需求和相关职业岗位的技能要求，及时更新教学理念、改进教学方法，从而提升其综合能力。

四、竞赛任务的设计转化为专业建设内容

大赛任务的设计以真实工作能力为标准，以项目仿真操作情境为途径，侧重考量参赛学生运用所学知识分析和解决实际问题的能力，因此，依据大赛任务设计的专业与实际工作需求更具有较高契合度。一方面，贴近工作岗位的大赛设计理念对专业建设起导向作用。总结技能大

赛任务设计的特点和规律，并将其转化到专业建设中，使教师更能清晰地把握专业设置的合理性及其与经济社会发展和产业结构发展需求的契合度。另一方面，将大赛任务理念引入专业实践基地建设中，进行相关实训项目的开发和设计，使学生在一个近乎真实的环境中学习必需的知识和技能，以此开发学生的最大潜能，全面提高学生的职业技能及分析、创新和应变的综合能力，同时培养学生的职业素养和职业道德，激发其创业热情。

五、竞赛合作企业转化形成人才培养资源

依托技能大赛，拓展合作企业，共建校内外实训基地。据调查显示，参与技能大赛的合作企业在大赛期间需要投入大量资金和设备，由此可见，参与技能大赛的企业对职业教育的发展参与积极性较高。因此，应利用技能大赛的平台，接触相关企业，与之建立校企合作长效机制，共同合作进行人才培养。现代制造业所需人才是高技能复合型人才，要求职业教育培养的人才具有较强的实践能力，能够运用技术解决工作中的实际问题。企业参与院校人才培养，可以为学生提供真实的生产环境、先进的机械设备和生产工艺，并能够配备具有丰富实践经验的双师型教师进行现场指导，并针对真实工作项目进行疑难问题解答，为院校人才的培养贡献力量。因此，依托技能大赛模式建设校内外实训基地，是提高人才培养质量的重要途径。

六、竞赛装备转化提升为教学设备

赛项装备主要以真实工作任务和工作情景为载体设计和开发，大赛结束后将赛项装备引入日常教学资源中，实施以真实工作任务为载体的项目教学法，按照工作过程系统化的实践标准，全面实施任务驱动、项目导向教学模式。根据岗位群的要求和特点，结合大赛核心项目，将工作任务进行合理分解与整合，选择典型工作任务作为教学内容和学习任务，在日常教学中进行拓展辅助教学，同时多元拓展多媒体辅助教学，将实际比赛项目引入日常教学中，建立基于工作过程的整体系统化教学理念，探索一种实训装备面向教学服务的新模式。

2015 年之后，一些院校开始尝试全彩的、有配套实训装备的、有专用学习网站的新赛项教学资源编写模式，开发文本、课件、视频、动画、微课、虚拟仿真、教材等多种教学资源。随着制作技术的改进，不断完善一体化教学资源。教材在有视频、动画、操作演示和需要查看相关资料的地方设置二维码，以供师生在一体化教学中反复观看操作视频，促使教材内容更加生动和丰富。此外，一体化教学资源在全国范围内打造精品资源库，解决地域和区域限制的问题，共享精品资源、共同发展。

除了以上所述大赛资源可进行"六大转换"外，依托技能大赛，还可以取得以下 4 个好处：

1. 利用比赛转变观念、改革人才培养模式

柳州市第二职业技术学校"汽车整车与配件营销"专业以国赛标准为动力，积极推进以任务为导向、项目为驱动的项目化教学改革，积极探索项目教学法的有效途径。为实现毕业生与岗位零距离对接的目标，该专业实施"五阶提升"的人才培养模式改革。即学生在校期间把 6 个学期分为 5 个阶段，前 4 个学期，以每学期为一个能力提高期，第 5、6 学期为综合能力提高期。按学期依次着重对学生的人文科学素质、专业岗位认知、专业基础技能、4S 工作岗位技能、职业综合素质进行培养。为较好地达到培养目标，充分利用学校和企业各自的资源优势，实现"教、学、练"一体化。按岗位设置课程，在岗位实施教学、做到教学内容、教学地点与岗位实际相一致。凭借综合职业能力（包括专业能力、方法能力和社会能力等）的培养，把专业学习和专业服务有机结合。改革带来了令人振奋的成果。从 2013 年起，该专业在没有足够实训基地和设备支撑的情况下带领学生参加"运华杯"全国中等职业院校汽车营销技能大赛并荣获二等奖。2014—2019 年该专业教师团队本着坚定冲进国赛的奋斗目标，拼搏在带赛一线，带领学生参加各级别汽车营销技能大赛，共获国赛三等奖一项，市赛一等奖五项，区赛一等奖一项，二等奖三项，三等奖两项。

2. 利用比赛转变教学模式

为了不断探索和实施基于工作过程的项目化教学，该专业积极推进以任务为导向、项目为驱动的项目化教学改革，加速校企深度融合、逐步推进课程改革，提高学生的综合实践能力。他们通过改变传统的课程体系和教学方法，实施课程项目教学，实现"教、学、做"一体化。同时，项目建设团队合作开发了难度适宜的"理实一体化"情景模拟实训指导书，如《汽车市场营销》《汽车销售实务》；还开发了网络精品课程及教学资源库课程，为学生学习和教师进行资源共享提供了有力支持。学生的知识应用能力、独立分析和解决问题能力，以及创新意识得到极大程度的增强。

3. 利用比赛促进教学改革的深化

技能竞赛能够吸引更多的一线企业生产技术，从而为后续的教学活动提供参考。在技能竞赛中，行业的发展方向及人才的需求情况都能够清晰地展现出来，从而为中等职业院校实施专业教学注入新的活力。教学实践的发展方向也能够借助竞赛项目展现出来。各中等职业院校应该将教学改革的目标同比赛密切关联起来，将核心技术当作课程改革的方向，将核心技术的研发当作教学的重点，从而促使教学活动由理论知识系统变成工作系统，更加具备职业特性。关注实践讲解，提高中等职业院校学生的练习能力。当前，很多中等职业院校都会定期进行技能比赛，所以需要创建比赛的长效制度，进而保证竞赛的标准型与规范性，帮助学生深入掌握学习过的知识并进行灵活应用。对于中等职业院校的老师而言，要先于学生掌握行业的发展动态及趋势，将先进技术引入课堂，从而配合技能比赛，培养复合型的人才。

4. 利用比赛增进院校间沟通交流

如今各个区域、各个中等职业院校都举办了很多各个层次的技能比赛。技能比赛可以增进各地参赛选手、指导老师、学校之间的沟通与交流，有利于互相取长补短。中等职业院校的教师能够借助比赛了解自身能力水平，精确自身定位，进而转变教学方法，在未来的工作中更具方向感。学生也能够利用技能比赛认清自我，为以后的工作奠定扎实基础，同时，学校也能够利用技能比赛互相学习，冲破瓶颈。所以，中等职业院校的专业老师应善于依托技能比赛，提高专业水平，不断进行改进，同时善于在比赛中发现自身的不足，及时纠正，从而给予学生更好的指导，帮助其完善自身的发展。

第三节　学生技能比赛带动校企深度融合

技能比赛是促进职业院校与行业企业合作的重要平台，因此，其对中等职业院校在实践中与企业的合作也有重要意义。中等职业院校相关专业的实操性均比较强，因此，学校在培养人才的过程中，理应向"校企一体化"模式靠拢。而在技能比赛进行过程中，学校就应该积极寻找与相关企业合作的机会，使其技术人员能够参与教学过程，并对理论学习的不足进行专业性的弥补。同时，在技能比赛之外，学校也应与当地企业形成良性往来，并且进行深度合作。一方面，可以利用企业内部相对成熟的资源进行人才培养；另一方面，根据企业的实际需要，可以对相关专业的课程进行科学的安排。更重要的是，学校与企业的深度合作还能使优秀学生直接进入相关企业，对应届毕业生的就业具有十分重要的指导意义。

技能比赛是中等职业学校学生参的与教育部门、行业企业、学校之间共同联合举行的职业技能活动，有省赛、国赛等项目，对促进学校与企业之间的深度联系与合作具有十分重要的作用。技能比赛已经成为校企合作的重要平台与中等职业院校技能教学改革的重要"助推器"，使企业与学校之间的关系更加紧密，进而实现职业教育的核心技能培养与产业、行业与岗位之间的有效对接，对培养学生的职业技能与社会适应能力有十分重要的意义，也有利于中等职业学校形成一批独具特色的品牌专业，提升其毕业生的职业竞争力。

一、技能比赛对校企合作平台构建的促进作用

（一）技能比赛有利于促进企业人力资源的开发

随着社会对技能型人才的需求，企业急需具有过硬的专业技能、生

产技能与多项基本技能的一线复合型、技能型的人才。行业企业、中等职业学校合作举办技能比赛，会发现很多优秀的技能型选手，他们不仅能够成为行业内的明星员工，还能得到企业为他们提供的就业机会。企业参与技能比赛中的目标就是寻找高技能型的人才，在技能比赛中挑选企业需要的人才，不仅能够减少企业的人才资源成本，还能提高人力资源培养的效率。特别是在"互联网＋"的背景下，利用技能比赛来构建校企合作的平台，可以提高企业知名度，也有利于企业获得优秀的人才。

（二）技能比赛有利于促进校企合作平台的构建

校企合作举行技能比赛已经成为当前比较流行的校企合作模式，学生通过技能比赛展示自己的技能，明确自己的职业发展方向。在技能比赛中，企业可以观察学生的个人技能、职业素养与专业素养，使企业可以通过技能比赛发现优秀的人才。技能比赛已经成为中等职业院校教学改革的风向标，同时也是校企合作平台构建的推动力。在校企合作的平台中，技能比赛不仅可以展示中等职业学校学生的团队合作精神与职业素养，还可以展现出中等职业学校对学生职业技能培养的效果，为学生的专业技能展示提供更高的平台，企业还可以将技能比赛当作招聘人才的现场，选拔出许多优秀的人才，同时也有利于扩大企业的影响力。

（三）技能比赛有利于促进中等职业学校人才的培养

学生职业核心技能的培养不仅是中等职业学校人才培养的出发点，也是校企合作的重要内容之一。校企合作举办技能比赛，中等职业学校可以运用技能比赛的标准要求学生。衍生出新的职业教育教学改革理论与实践，推动学生创新能力、实践能力的培养，从而提高中等职业学校人才培养的质量。技能比赛中展示出的职业技能标准也是中等职业学校人才培养改革的优化与指引。中等职业教育人才核心职业技能的培养要能够与社会发展、企业的需求保持一致，同时也要符合行业的用人标准。中等职业学校人才职业技能的培养只有与社会需求接轨，职业教育培养的人才才能被社会认同，职业教育才能具有吸引力。

二、以技能比赛为平台的校企合作人才培养模式

基于技能比赛的校企合作平台的构建，需要政府、学校、企业、行业共同的参与，才能形成高效的应用型人才培养模式。校企共同努力，建立相应的体制机制，使技能比赛体现出"高技能"的特性，有效地推进技能比赛的发展，这就需要在学校与企业两个不同的实践场地对学生进行专业技能培训，但重点是在企业中对学生的职业技能进行有针对性的培训。学校与企业共同设置专业建设指导委员会，校企双方要共同设置技能培养的目标与方案，推进学生专业技能的培养，一起完成教学任务，形成学生专业技能培养的主体。政府作为管理层面，应对校企合作进行引导。一方面，要给予校企合作财政支持，为中等职业学校参与校企合作提供保障机制；另一方面，要为企业的发展提供人才培养方案，对校企合作的双方进行监督，要明确地规定企业必须接受学生的实习，为学生在企业的实习实训提供便利条件，搭建中等职业学校与企业的合作平台，协调学生、学校、企业之间的利益，促进校企合作平台的巩固和发展。

三、技能比赛对校企合作平台构建的促进策略

（一）政府制订技能比赛制度，保证校企合作平台的构建方向

政府在校企合作中具有领导地位，应结合区域经济与核心技能人才的需求，制订行之有效的人才需求计划。这个举措不仅能为校企合作平台的构建提供指导与建设方向，也能为技能比赛的开展提供制度保障。给予校企合作平台建设财政支持，能够有效地调动学校与企业参与校企合作的积极性与主动性，有利于搭建校企有效沟通与合作的平台。政府还可以通过市场对人才与区域经济发展的需求，鼓励地方中等职业学校和企业共同参与校企合作，培养社会需求的应用型人才，并能对参与校企合作的企业进行严格把关和控制，防止企业在校企合作平台的构建中出现商业化倾向，也能够避免企业与学校在校企合作平台建设过程中出现过度追求利益的现象，进而有效地保证技能比赛能够公平和公正地进行。

（二）行业协会利用行业标准制订校企合作平台的构建标准

行业协会一般比较了解行业内的建设标准。作为一个非营利性社会组织，行业协会在政府与企业之间能够建立校企合作平台的桥梁，为校企合作平台的构建提供行业标准，以便于为技能大赛提供评价标准与咨询服务，同时也能够为校企合作平台的搭建提供方案与解决业务难题。因此，基于行业协会的特殊角色，应该积极地为校企合作的技能大赛提供技术支持服务，指导职业院校与行业企业之间合作，制订校企合作需要遵循的标准，使校企合作平台的构建符合各方的利益。由于行业协会的组织者或领导者都是由行业内的专家担任，他们一般比较熟悉技能比赛的基本要求与行业评价标准，所以在校企合作的过程中具有特殊地位，同时也能够保证校企合作的新平台构建按照行业标准执行。

（三）职业院校主动参与构建校企合作平台来承办或参与技能比赛

目前，国家级、省级技能比赛都是比较真实、具有展示功能的顶级比赛，利用校企合作的平台，不仅能够对学生的职业技能进行培养，还能提升学校的知名度。因此，中等职业学校应该积极、主动地参与到校企合作的平台构建中，这样使中等职业学校人才培养的标准与技能比赛的标准衔接在一起，利用行业对人才需求的标准培养应用型人才。中等职业学校依托校企合作的平台来主办、承办校企合作的地方级和国家级技能比赛，学习不同学校对学生职业技能的培养方式。不论承办学校还是参赛学校都能主动与行业企业合作，搭建校企合作新平台，也方便在对学生的专业技能培养上采用技能比赛上展示出的行业标准和职业规范等要求制订人才培养方案，进而能够提高学生的职业技能水平与专业应用能力。

（四）企业要利用技能比赛参与到校企合作的平台中

在校企合作平台的构建过程中，不仅能够为企业的发展培育大量专业技能型人才，在参与到校企合作人才培养方案的制订与校企合作的科研项目中，能提升企业自身的科研能力与创新能力，企业成为最大的受益者。目前我国职业院校采用多种形式开展职业技能比赛，行业企业有越来越多的机会参与到技能比赛中，协助职业院校建设校企合作新平台不仅有利于学生及时地掌握新技术，也能帮助中等职业院校提高人才培养的质量。企业可以以合作者的身份参与技能比赛中，为其承办方提供设备、技术、资金与标准，也能以行业企业的身份参与校企合作平台的建设，为中等职业学校提供技能比赛所需的实训场地，为学生提供顶岗实习机会，同时也能为中等职业学校的学生参与技能比赛提供经典的案例，调派优秀的企业员工为中等职业学校参与技能比赛的学生提供技术指导与帮助，协助中等职业学校制订实践培训的教学计划。企业参与校企合作的做法不仅能使技能比赛采用最新的行业标准与技术规范，也能促进中等职业学校的人才培养标准与企业的需求同步，促使中等职业学校提升人才培养的质量。

促进职业技术发展有效的途径之一就是校企合作，而举行技能比赛是学校与企业进行合作的有效切入点。企业能为技能比赛提供最新的行业规范与技术标准，还能为技能比赛提供设备、技术、实训场地、指导教师及经典历届赛事案例，同时还能与中等职业学校一起制订职业技能实践实训的培养计划。中等职业学校通过技能比赛与企业共同构建校企合作的平台，有利于中等职业学校人才培养的质量，也有利于提高学校的知名度，促进学校的可持续发展。

第三章 课程建设是专业发展的核心要务

职业教育是我国教育事业的重要组成部分。近年来，国家大力扶持职业教育，把发展职业教育作为经济社会发展的主力军，中等职业学校的办学规模和办学条件都得到了很大提高。但随着经济的发展、高等院校的扩招，中等职业学校仍然面临着巨大的竞争压力和挑战。中等职业学校要在众多层次的学校中脱颖而出，必须加强课程改革力度，使之与当前社会产业与经济对接，加强内涵建设。"坚持以就业为导向，深化职业教育教学改革"是《国务院关于大力发展职业教育的决定》中提出的任务，而课程改革是其中的核心内容。

为更好地服务于课堂教学，充分调动学生专业学习的积极性，培养学生科学的学习方法和探究问题的能力，学校结合实际，科学整合各产业部、整合现行教材，不断改革教学方法，密切联系生产实际，在有效地调动学生学习积极性的同时，培养学生探究问题的能力和创新能力，提高课堂教学质量。

第一节 我国职业教育课程改革发展现状分析

我国的职业教学很长时间都是借鉴苏联"三段式"的教学方法培养人才的。

由于职业教育主要是按照科研要求来实施的，从而造成了企业的技术水平和生产方式较低，经济发展水平停滞不前，但是随着第三次革命科技的迅猛发展，我国也开始逐渐迎来了改革开放的新浪潮，一些传统制造行业与西方发达国家的差距也不断缩小。伴随着经济和科技的进步，我国对中等职业教学中的人才培养有了新的定位，逐渐要求与市场接轨。根据相关统计，世界 500 强企业基本有 480 多家已经进入中国市场，因此，我国的职业教学必须与世界相一致，才能更好地面对外来的势力。进入 21 世纪之后，以北京为代表的各个中等职业院校在教育委员会的引导下，开启了课程改革的新模式。根据西方先进的课程理论，针对市场需求对课程的内容和结构进行分析和研究，带来职业学校改革的新时代，但是随着近十年的发展，我国的中等职业学校教学过程中仍然面临着课程体系和职业实践相脱离的问题，打造技能型专业人才的培养体系并没有完全形成。职业教育仅仅流于形式，并未形成职业特色，因此，造成很多学生感觉职业教学作用不大，失去学习的动力，无法走出学习失败的阴影。在此基础上，2008 年我国教育委员会开启了以工作过程为导向的中等职业教育教学改革项目，对我国的中等职业教育教学课程改革有着重大影响。

中等职业教育教学的课程改革主要包括开发、实施、管理、效果评价及课程的跟进等方面的内容，在对课程开发时需要建立在对市场的充分了解基础上全面构建课程类目、课程结构及课程内容，因此，课程的开发是课程改革的最基本内容；课程的实施、管理及评价是根据对人才的培养目的完成的，因此，将开发的课程具体落实到实际教学工作中，能够使学生在课程中学得有用知识，并通过工作要求及相关标准来对课程实施的效果给予科学合理的评价，这是课程改革的重要内容。课程开发是针对学生学习内容，课程实施和管理是针对学生如何学习，而课程评价和跟进则是检验学生的学习质量及对未来的跟进。因此，职业教育改革的目的是从根本上改变职业教学培养模式，改变传统人才教育培养思想，按照未来实际工作中的要求培养新的职业技术人才。

一、工作过程导向课程起源

工作过程导向课程是为了达到一定的教学目标而设立创建的课程体系。这一思想是为了将主题需求和环境条件相结合，并尽可能地减小最终效果和预期目标之间的差距，使学校的课程安排更加具有目的性和灵活多变性。20世纪90年代，德国最先开启了以工作过程为导向的课程改革，在教学理论和行动实践两个方面，过程导向的课程模式被广泛地认为是将专业学科和职业工作相结合的教学方法，并逐渐开始利用不同的方法和形式达到这个效果。

二、中等职业学校工作过程导向课程改革

所谓的中等职业学校工作过程导向课程改革，是指将培养学生的职业素养作为关键点，重视教学活动和实际工作的有机联系，锻炼培养学生的任务观念并构建起以工作任务为中心的知识体系。因此，在改革过程中，无论是文化课程还是专业课程都是建立在服务学生职业能力发展的基础之上的。工作过程导向课程的重点对象就是职业学校。职业学校担负着为社会企业培养最直接人才的任务，德国在教学改革过程中，将职业学校作为独立的学习场地，政府为其颁布专门的培养计划，建立不同性质的特色职业课程体系，因此，职业学校的课程对学生的社会能力、学习能力及实践能力等多个方面都有不同的针对性。

在工作过程导向课程进行开发实施时，应遵循对实践的具体化，一般有以下3方面原则：

第一，将职业能力作为主导。

这里所说的职业能力是指完成某项职业岗位任务所需要达到的综合职业技能。在课程开发过程中，必须始终坚持以课程导向作为主导。教学的目的就是培养具有一定职业能力的人才，将职业能力的培养具体分配到各个课程的学习中并具体落实到课程及课程项目的学习中。

第二，将社会发展背景作为基础。

中等职业学校教学的目的更加具有针对性，常常是建立在当前经济社会发展的基础上，因此，其课程体系必须时刻关注社会发展动态，能

够时时适应市场发展的需求，并且对未来社会的发展具有一定的预测能力，进而不断更新课程培养的目标及课程体系的相关内容。

第三，将工作过程作为结构框架。

一般认为，工作过程是由劳动者、工作对象、工作工具、工作方法及工作产品等主要要素组成。各个要素之间互相关联，共同发挥作用。工作过程导向课程是依据职业教学的工作过程建立的，改变了传统的学术教学思维，立足于职业工作过程中相关要求和所需能力，根据整个工作过程确定课程内容和课程结构，使课程结构由原来的学科结构变为现在的工作结构。中等职业学校在具体课程教学中还需要考虑以下两点因素，一是在建设教学设施时需要充分地把握职业特点，创造良好的职业教学环境；二是实施课程过程中需要将工作过程与教学特点相互结合，即以工作过程为教学基础，重点是将任务和情境作为重心。

三、中等职业学校工作过程导向课程改革发展研究

目前国内对职业教育工作过程系统化课程开发的研究已经从起步阶段进入深化实践阶段，特别是在中等职业学校开展的国家改革创新示范学校建设中，项目建设学校基本都是基于工作过程系统化开发本校课程的。在实践中，基本达成了两点共识，即课程开发应以促进学生就业和提升学生实践能力为目标；应注重理实一体、校企一体的教学环境建设，让学生在做中学、在学中做。

与此同时，从工作过程的视角探讨职业教育课程开发并研究职业教育实践导向课程和项目课程也取得了一定的成绩。赵志群研究了职业教育工作过程导向的综合性课程开发模式；姜大源评介了德国职业教育课程改革领域中"学习领域—工作过程导向的课程模式"，并且研究了工作过程系统化课程结构的理论基础；徐涵阐述了以工作过程为导向的职业教育，分析了其指导思想、教学内容，以及在该理论影响下的教学方式、课程开发模式等。还有许多学者将以工作过程为导向的课程开发应用于具体的各门专业课程开发中。徐国庆、石伟平基于工作任务的视角研究了实践导向的职业教育课程、职业教育的项目课程和基于工作结构的职业教育课程结构等问题。

第二节　工作过程导向课程改革对中等职业学校
提出的要求

一、工作过程导向课程改革对中等职业学校环境建设的要求

以某一事物或状态为中心，围绕该中心展开的对事物的发展和变化过程所产生的全部原因称为环境。从学校的角度看，一切影响到学校的生存和进步的因素集成，被称为环境。学校环境被划分为内部环境和外部环境两个方面。内部环境存在于内部管理系统之中，是管理系统得以更新和存在的重要保障；外部环境独立于学校管理系统，但影响着管理系统的建立、发展和更新。学校的教育具有环境制约性。工作过程导向课程改革对环境提出的新要求主要体现在两个方面：

一是在倚重国家法律保障、制度保障及机构保障的情况下，社会企业的支持和配合；二是对实施工作过程导向知识教学的教学环境的要求更趋近于企业真实环境。

以工作过程为导向的课程和实际生产环节、服务流程及管理过程有着密不可分的联系，是对在实际工作过程中经验的积累和集成，也是对职业领域中社会责任、道德规范、职业技能的整合。在课程中关注对知识的综合利用，对知识的运用条件、具体方法、学习效果等进行全面评价。通过开展以工作过程为导向的课程，能够帮助学生养成良好的职业态度并掌握相关的生产技能，以满足实际工作的相关需要。在这样一个前提下，中等职业学校开展工作过程导向课程改革不仅是学校单方面的行为，还需要社会企业从各个方面的支持和参与，保持校企合作在适当的政策和有章可循的法律环境下对学校工作过程导向课程改革的实现最有制约性。课程改革离不开社会各界的支持与认可，尤其是附近的企业、文化组织及相关单位。这些场所可以作为学生实践的地方，能够锻炼学生的学习能力，引导学生提高自身的实践能力。学校管理者应重视对社会教育资源的开发和利用，为课程改革创造积极健康的外部氛围和资源环境。同时，对学校教学环境而言，在传统的中职教学实践中，一

般在教室中完成了绝大多数的教学内容。在设计教室时，也充分考虑到教师维持课堂秩序和学生听讲等因素。而工作过程导向课程的实施对此也提出了新的要求，那就是重视情境载体的设计。其设计原则是尽量模仿企业空间布局，尽量营造真实的企业工作场景，同时在实训设备的选择方面也应尽量选择与现实工作场景类似的。

二、工作过程导向课程改革对中等职业学校组织管理的要求

在课程改革实施过程中，环境对其能否顺利实施有重要的制约作用，而学校组织管理的运行与制度建设的完整性、外部环境的健全和内部环境的优化有着密切关系。工作过程导向课程改革对学校的组织管理也提出了新的要求，主要体现在教学管理、教研组织、教学评价及管理者四方面。中等职业院校的教育对象较为特殊，工作过程导向课程改革在这个群体中的实施，必须在教学管理上注重科学性、人文性和实践性原则，做好学生的督导工作。"以技能为主，促进学生全面发展"是工作过程导向课程改革实施的目标之一，而叛逆与自卑并存是中等职业学校学生群体的典型特征，如何处理好这对矛盾，在设计教学标准和考核要求时应对学校的实际情况进行充分考虑，将促进学生全面发展、实现教师专业化成长作为主要目标，提升学校教学活动的质量。另外，学校的教学管理必须注重人文性，积极引导教师和学生两大主体参与教学活动，关注教师和学生的互动与交流。

工作过程导向课程改革的实施是一种实践。实践不仅是研究的对象，也是研究的归宿。工作过程导向课程改革实施中的问题需要解惑，实施课程改革相配套的教材在教学过程中进行运用，教师在教学实践中遇到的问题等都是校本研究的出发点，工作过程导向课程改革要求采用实践的方式解决教学实践中的问题，发挥教师的合作作用，引导教师群体积极交流，形成教师学习的共同性。在教学研究过程中，教师应充分了解掌握课程改革的具体精神和实际目的，并了解课程的主要内容和相关事项。与此同时，还需要掌握教学改革过程中工作项目的选择技巧和教学改革活动组织的实施方法。

在工作过程导向课程改革过程中，学校还需要对校内评价制度进行

完善和改革，不能将学生作为评价的唯一主体，还应评价教师的教学能力及学校的办学质量。在评价学生的过程中，应评价其对知识的掌握程度、职业能力、专业素养；而在对教师进行评价时，应当关注其对课程改革所发挥的支持作用。在设计评价制度的过程中，应以学生这一课程改革主体的需求为核心，对其需求进行关注，在评价中摒弃单方面、简单化的评价方法，注重综合评价，重视对学生专业能力的培养并关注对其学习过程和学习效果的培养。同时，评价制度要能激励教师更好地投入教学工作中，促进教学质量的提高；要让教师乐于研究课程改革的要求和目标，积极参与和实施课程改革，花费更多的时间和精力了解和关注学生的特点与喜好。与此同时，教师应将教学实践活动中积累的大量经验转化为实际成果，为后续的课程改革顺利进行提供有力的依据。

工作过程导向课程改革对中等职业学校而言，是具有革命性的，这种颠覆性的改变难免会面对一些阻力。克服这些阻力，不能仅凭一人一力。它要求学校管理者能够集中化、团队化，要以合作的精神，集中优势力量快速解决问题，同时促进团队的发展。颠覆性也同时决定了必须要具备专业化和精细化的管理制度，具备高度的执行力。

三、工作过程导向课程改革对中等职业教师的要求

工作过程导向课程改革对中等职业学校教师的敬业精神、课程改革意识、教学能力和专业实践能力等方面都提出了较高的要求。陪伴、关怀、"工匠精神"是工作过程导向课程改革对教师工作的要求，也是教师敬业精神的体现。教师需要对行业发展的动态、特点形成充分的把握，将最新的成果运用到教学实践中。与此同时，教师必须形成正确的心态，从学生的角度出发，考虑到学生的学习需要，调动学生的学习热情，引导学生以积极的态度参与教学实践活动。工作过程导向课程改革工作的顺利完成需要教师具备良好的敬业精神才能更好地完成教学活动，达到工作过程导向课程改革的相关目标。

在课程改革的过程中，教师首先要真正认可和支持职业教育改革的相关精神和理念，以积极主动的态度面对课程改革并提高创新能力。在和其他教职员工竞争的过程中形成交流合作的意识，推动课程

改革活动的有序开展。与此同时，教师应当具备良好的自我反思能力，对在课程改革过程中存在的不足进行调整，对自己的教学行为不断进行反思。

工作过程导向课程改革要求教师调动学生的学习欲望。而教师对教学活动的设计质量、教学实施效果及教学反馈，均体现了教师的教学能力。教学设计应重视学生的实际情况，要对为什么学、学什么、如何学进行整体设计，工作导向课程改革的实施要求教师以工作任务为核心构建课程内容，在真实的工作环境中以行动为导向实施教学。教师要能够合理选取和重组教材内容，形成适合本校的教学项目或任务，与此同时，教师还应在课堂实践活动中构建合理的教学情境。在合理的教学情境下，学生会对学习产生浓厚的兴趣，并激发出无限的热情与活力。教师在选择教学策略的过程中，应以学习内容为基础，注重理论和实践的结合，有机运用不同的教学手段，鼓励学生主动交流、共同合作，获得学习的乐趣并享受学习的快乐。在工作过程导向课程中，教师应将工作过程知识和专业知识作为主要教学内容。从教学评价的角度看，不仅要对学生的学习能力、学习成果、学习收获进行多方面的评价，还应对教师组织教学活动的手段、教学内容等进行综合评价。因此，教师应当对学生的需求进行充分考虑，从知识、学习态度、专业技能、综合素养等不同的角度对学生进行评价。

工作过程导向课程提出的"教、学、做"一体化，要求教师具备专业知识和实践知识的同时，还要具备熟练的动手能力和实践经验，与此同时，教师应具备良好的职业道德，充分把握专业知识并了解专业发展动态和职业特性，实现与企业的紧密合作，积极参与企业的实践活动，指导学生圆满完成理论学习任务和实践操作要求。

四、工作过程导向课程改革对中等职业学校学生的要求

工作过程导向课程改革同样对学生的学习提出了更高的要求。在开展工作导向课程的过程中，教师只是扮演着引导者的角色，而学生作为教学活动的主体，应当将提高自身的职业行动实践能力作为自身的学习目标。教师应引导学生制订科学完善的学习计划，并鼓励学生自主评价

学习效果，提高其实践能力。在参与教学活动的过程中，首先，学生应当踊跃展现个人才能，形成独立思考、积极创新的良好习惯，在享受学习乐趣的同时提升自我价值，获得精神上的满足和专业水平上的提高。其次，学生应培养自己敢于提出假想的职业素养。学生能够根据现有资料对问题提出试探性解决方案，在学习过程中，学习对自身提出的假想进行验证，在验证过程中能够提升自身的思维创造能力。学生要像演员那样进入角色，找准自己的学习身份。工作过程导向课程强调的是小组合作学习，在不同的合作小组中，不同学生承担着不同职责。在明确任务的基础上，学生应充分理解角色，发现问题并验证假想，感受学习的快乐，并对自身出现的错误进行反思。

第三节　课程建设的思考

一、广西壮族自治区中等职业学校课程设置现状

目前，广西壮族自治区大多数中等职业学校的课程设置仍是高等职业院校专业设置的向下延伸，缺乏中等职业学校的特色。这种学科体系重理论，忽视了理论与技能的结合。有的专业设置陈旧，跟不上社会经济的发展需要。职业教育要与社会经济实现真正对接，做到以就业为导向，还需要深入进行课程改革，加强内涵建设。

二、课程开发的意义

从当前经济发展形势看，各具特色的区域经济对当地职业教育的培养目标提出了新要求。职业教育需要不断改革，以适应当地经济发展变化。教学改革是职业教育改革的重要部分，而课程设置与改革是改革的核心。近年来，我国中等职业教育进行了一系列改革，这些改革的重点之一就是课程的开发与实践。与普教学生相比，中等职业学校学生的学习基础和需求具有较大差异性。智能的多元性、就业的区域性、学生需求的多样性有助于特色学校的形成与发展。中等职业学校应顺应区域市场经济变化和产业结构调整的趋势，开发出具有地方特色的课程，主动

适应市场，为当地经济服务。课程改革与开发要体现专业特色和地方特色，满足社会和企业的需要。

三、课程开发的必要性分析

1. 基于学生实际发展需求

课程开发与设置应以学生为中心，以学生终身发展的实际需求为导向；课程设置要从企业的角度出发，学校的课程教学，要将学生、企业和社会联系起来，确立学生的主体地位，给学生更多自主选择的空间并关注其个性化发展。

2. 基于专业教师发展的实际需要

长期以来，教师作为课程的执行者，往往忽视了其自身的学习与提高。学校课程的设置应充分考虑教师的角色转换，即由执行者转变为课程开发的参与者、设计者、实施者与考评者。要完成这种角色转换，教师要加强学习并具备课程意识和课程开发能力，加强学科学习与专业技能的提升，更新职业教育观念，从而提高自身的教育和教学能力。

3. 基于地方产业发展的实际需要

中等职业学校课程开发有别于普通中学，课程设置不应脱离地方产业而闭门造车。其最显著的特点就是课程要能适应当地当前的经济发展，与当地的产业紧密联系。这直接关系到学生就业与教育成本的投入。"职业教育是与经济建设和社会发展最为密切、最为直接的一种教育类型，肩负着培养有创新精神和创业能力的技术应用型和技能操作型人才的重任。"从学生就业的角度看，职业教育的适应性更强、变化性更大，理论与实践的结合更加紧密。因此，学校应先分析社会需求，立足地方经济，及时把握产业结构的调整和市场变化，获得行业发展状况、人才需求情况、技术需求情况，再进行课程设置与定位。这也是职业教育内涵发展建设的核心。

4. 传统与创新结合，走特色学校发展之路

有的学校建校时间较长，有传统的专业设置，且有的专业成为学校的精品特色专业。随着社会经济的进步和产业结构的调整，这些传统专业逐渐显得滞后且与社会脱节。为此，学校应对这些专业进行创新，走

特色专业发展之路。新兴专业代表学校的方向和未来，传统与创新的结合既有利于学校对优秀办学传统的继承，又有利于学校专业的开发与完善，为学校的发展创造条件。学校应根据地方经济发展情况，对专业进行整合，进一步与市场接轨。

第四节　广西探索实践研究

"教、学、做"一体化是对"以生为本"的中等职业教育理念的具体化。中等职业教育专业课程若要适合中等职业学校学生，就要根据其认知特点和技术技能型人才培养规律，从职业素养层面出发，构建基于"教、学、做"一体化的理实融合专业课程。

一、"教、学、做"一体化理念下的中等职业教育专业课程及其特点

从技能型人才质量要求来看，技能型人才需要拥有厚重的专业技能和相应的专业理论知识。专业技能的形成需要学生在特定情境下通过若干次的"做"慢慢体会掌握，专业理论知识的获得需要学生通过"做"的过程懂得"为什么这么做"，即学生在专业课程实施过程中通过"做"内化专业技能和专业理论知识。

现阶段，中等职业学校学生对学科式课程的学习能力偏弱，学生对"为什么这么做"到"怎么做"再到"做什么"的学习过程难以适应。就中等职业学校学生现实的学习能力而言，他们需要从"做什么"开始接受新知识。

因此，适合中等职业学校学生的专业课程应该从生产项目入手，融合职业技能与相关的专业理论知识，让学生在"做"的过程中掌握职业技能并理解专业理论知识；让学生在"做"的过程中形成良好职业道德并懂得良好职业道德的养成对一个人的重要性。在"做"的过程中提升关键能力并了解关键能力对一个人发展的重要性。即在"做"的过程中通过"做什么"→"怎么做"→"为什么这么做"形成专业技能先行、专业理论融入的"教、学、做"一体化中等职业教育专业

课程。

"教、学、做"一体化理念下中等职业教育专业课程是产教融合的企业生产型课程。学生是在企业生产情境中，通过具体的劳动生产达到职业学习目的，因此，"教、学、做"一体化理念下中等职业教育专业课程是校企双元主导师生共建的课程，是学生在劳动过程中通过"生产什么"→"怎么生产"→"为什么这么生产"达到养成良好职业素养目的的课程。

"教、学、做"一体化理念下的中等职业教育专业课程是体现国家人才要求的课程。课程目标的制订以国家人才培养目标为基础，同时结合本地区企业专业岗位能力要求，明确学生所需拥有的职业素养。因此"教、学、做"一体化理念下中等职业教育专业课程是培养学生工匠精神的课程，是立德树人的课程。

二、"教、学、做"一体化理念下的中等职业教育专业课程内容

"教、学、做"一体化理念下中等职业教育专业课程是以提升技术技能型人才培养质量为目的，以促进学生人人发展、全面发展、自主发展、个性发展、终身发展为核心，以校企双元教育为手段对专业课程进行建设的。其主要有三方面内容：

一是根据技能型人才培养规律，通过产教融合的形式，校企共同确定一系列与专业课程相关的企业特定典型生产项目为教学内容，即以岗定教。比如校企根据地方企业生产项目，在机械专业课程中选择柴油机生产项目为教学内容，其中柴油机零部件的加工及组装包含车钳刨铣等机械专业技能与专业理论知识。通过柴油机生产加工岗位群的工作学习，学生的职业能力在达到机械专业课程目标要求的同时又能满足相关企业岗位能力的需求。

二是校企根据社会、行业、企业对技能型人才素养的要求，共同制定生产学习规章制度作为教育内容。比如校企通过学徒制将"8S"（整理、整顿、清扫、清洁、素养、安全、节约、学习）生产现场管理法作为教育内容。"8S"生产现场管理法包含企业对员工职业素养的基本要

求，学生在生产学习岗位上通过对"8S"生产现场管理法的自觉执行，其职业道德在达到专业课程目标要求的同时又能满足社会、行业、企业的人才素养要求。

三是校企根据企业发展需求对技能型人才关键能力的要求，共同开发有益于企业生产的激励机制，以此促进学生关键能力的提升。比如校企通过工学结合将企业生产加工工艺创新作为奖励项目，激励学生通过对具体工作的体验和相关理论知识的学习，为企业创造出更加合理的加工工艺。

因此，"教、学、做"一体化理念下中等职业教育专业课程包含了职业能力、职业道德和关键能力等方面的内容。

校企将具体的生产项目——职业能力、职业道德和关键能力融为一体，使生产项目实施过程真正变成学生职业能力提升、职业道德养成和关键能力提高的过程。

三、"教、学、做"一体化理念下中等职业教育专业课程实施

"教、学、做"一体化理念下中等职业教育专业课程实施的过程就是企业生产过程的再现，学生在教师（学校教师、企业人员）的带领下，围绕具体的生产任务，全身心投入工作学习中，在"做"中体验成功、获得发展。真实的工作情境需要校企共同构建，因此，校企双元教育体系是"教、学、做"一体化理念下中等职业教育专业课程有效实施的基础和保证。

1. 校企共创生产学习环境

环境育人。良好的生产学习环境以其无形的感染力规范着学习的思想和行为，对学习的工作态度、学习态度、价值观念等方面默默地发挥着影响。因此，校企创建生产学习环境需从"劳动光荣"入手，让学生在充满希望、和谐与竞争并存的环境中学习和工作，引导学生爱岗敬业。比如在生产学习空间张贴劳动光荣榜，树立劳动标兵形象，激发学生的学习动力；张贴大国工匠寄语，让学生感受技能型人才在劳动生产一线的重要性，激发学生的学习动机。建立良好的生产学习环境是帮助

学生形成良好职业素养的主要手段。

2. 校企共建生产学习管理模式

没有规矩不成方圆，校企建立有效管理模式是学生形成良好职业素养的必备条件。"教、学、做"一体化理念下中等职业教育专业课程生产学习管理是融合企业管理与学校管理的校企双元管理。生产学习管理内容包括校企共同制订生产学习共同体的管理制度、建立管理机构、确定学习目标，以此促进企业员工、学校教师、学生三方共同努力，即企业员工、学校教师努力为学生的生产学习服务，学生则在生产学习过程中努力提升自身的职业素养。生产学习管理工作是专业课程有效实施的必要保障。

3. 校企共同组织教学

教学过程是学生获得知识的过程，"教、学、做"一体化理念下中职专业课程教学过程是学生在校企共同组织下通过完成具体的生产学习任务获得综合职业能力的过程。"做什么""怎么做""为什么这么做"贯穿于整个生产学习过程中。"做什么"让学生知道自己的生产学习任务，"怎么做"让学生投身到生产第一线，在生产操作中获得专业技能，"为什么这么做"让学生学会思考并在生产体验中获取专业理论知识，实现专业技能与专业理论知识的相互转化。

四、"教、学、做"一体化理念下的中等职业教育专业课程评价

课程评价是教育实施者检查课程的目标在课程实施过程中是否实现，并通过科学的评价方式进一步提高学生的素养。"教、学、做"一体化理念下中等职业教育专业课程评价是校企从学生在生产学习过程中所表现出来的职业能力、职业道德、关键能力等方面入手，对学生职业素养作出的综合评价，并通过企业评价、教师评价、小组评价、自我评价等多元评价的方式，引导学生对自己在生产学习过程中所学知识技能及应用过程进行价值评价，激发学生生产学习的积极性和主动性，进一步提高学生职业素养。

"教、学、做"一体化理念下的中等职业教育专业课程评价是过程

性评价，是根据中等职业教育学生的心理特点和中等职业教育专业课程目标，在"做"的过程中通过科学的评价方法达到提高学生职业素养的目的。比如在生产学习过程中，指导性职业素养评价和学生自主性职业素养评价，让学生自始至终都能够清楚地认识到自身综合职业能力水平及与其他学生之间的差距，从而激发其产生产学习的竞争力，增强其生产学习的合作意识，提高其学习积极性，促进其职业素养的发展。

"教、学、做"一体化理念下的中等职业教育专业课程评价是评定岗的评价，是教师根据学生在生产岗位群中各个工作岗位的具体表现作出的评价。从人人发展、全面发展、自主发展、个性发展、终身发展的角度帮助每位学生寻找最适合自己的生产工作岗位。教师通过岗位素养评价，激励学生在自己的优势岗位上进行深层次学习，进一步增强自己优势岗位职业素养；鼓励学生在自己的劣势岗位上抓差补缺，补强自己弱势岗位的职业素养，让学生在今后的生产工作中拥有较强的应岗、跨岗和转岗能力。

第四章　中高等职业教育衔接
助推学生成长成才

第一节　中高等职业教育衔接政策分析

中等职业教育（以下简称"中职教育"）是在高中教育阶段进行的职业教育，目的是在九年义务教育的基础上培养数以亿计的技能型人才和高素质劳动者。中职教育是目前我国职业教育的主体，主要由中等职业学校实施，招生对象主要是初中毕业生和具有初中同等学力的人员，基本学制以三年制为主。高等职业教育（以下简称"高职教育"）是职业技术教育的高等阶段，高职高专教育由省级人民政府管理。在国家宏观政策的指导下，省级政府根据本地区经济和社会发展的实际需要，结合招生能力、就业状况等综合情况，确定年度招生计划、招生办法、专业设置、收费标准和户籍管理，颁发学历证书，指导毕业生就业，确定生均教育事业费的补贴标准等，并同时负有保证教育质量、规范办学秩序和改善办学条件等责任。职业教育的基本目标既是职业性的也是教育性的，在这一点上，高职教育与中职教育有其共通性，但在培养目标和培养模式上二者又有着层次上的差别。了解中高等职业教育的异同，是探讨二者衔接问题的前提。

长期以来形成的传统教育观念和体系，在一定程度上使各类教育自成一体、壁垒森严、互相排斥、自我封闭，缺乏沟通与联系。这些弊端既阻碍了教育事业的发展，也违背了人才培养和人才成长的规律。经济的发展、产业的转型对人才提出了新的要求，要培养出高素质技能、技术应用型人才，职业教育的理念亟待转变，管理模式亟须更新，系统培养人才的制度亟待加强。而加强衔接与沟通则是现代职业教育体系建设亟待解决的"结扣"之一。当今学术界多用职业教育层次衔接不畅，中高等职业教育衔接不畅，职业教育的"断头教育"论等术语表达出职业教育内部存在的问题。学生是学校内涵建设的主要受益者，也是学校内涵建设接受社会检验的主要载体。学校要将内涵建设的着眼点放在学生培养上，提升和优化办学要素，使中等职业学校学生毕业后不仅能满足当时就业、立业的需要，而且还能满足未来发展的个性需要。中高等职业教育衔接无疑是中等职业学校学生通往未来的一条路径！

一、中高等职业教育衔接的必要性

中高等职业教育衔接是指按照建设现代职业教育体系的要求，推动中等和高等职业教育协调发展，系统培养适应经济社会发展需要的技能型（特别是高端技能型）人才。随着企业的转型和产业的升级，对生产一线从业人员的技能水平提出了更高的要求，进而对中等职业教育培养的人才标准提出了相应较高的要求。即传统的中等职业教育已经不适应现在的产业要求，也存在提高教育教学水平和提高岗位技能的问题。职业教育体系内中等职业教育与高等职业教育的衔接沟通是适应国家加快转变经济发展方式和改善民生的迫切要求。通过中高等职业教育衔接框架，与高等职业院校专业基本对口的中等职业学校毕业生可以直接报考高等职业院校，即中等职业学校毕业生可以直接升入高等职业学校继续深造学习。把保障和改善民生作为加快转变经济发展方式的根本出发点和落脚点，把促进就业放在经济社会发展的优先位置，构建灵活开放的终身教育体系，努力做到学历教育和非学历教育协调发展、职业教育和普通教育相互沟通、职前教育和职后教育有效衔接，为形成学习型社会奠定坚实基础，要求必须把职业教育摆在更加突出的位置，充分发挥职业教育面向人人、服务区域、促进就业、改善民生的功能和独特优势，满足社会成员多样化学习和人的全面发展需要。

当前职业教育仍然是我国教育事业的薄弱环节，中等和高等职业教育在专业、课程与教材体系、教学与考试评价等方面仍然存在脱节、断层或重复现象，职业教育整体吸引力不强，与加强技能型人才系统培养的要求尚有较大差距。教育规划纲要明确将中等和高等职业教育协调发展作为建设现代职业教育体系的重要任务。这是构建现代职业教育体系、增强职业教育支撑产业发展的能力、实现职业教育科学发展的关键所在，是建设现代职业教育体系赋予职业教育的新要求。为此，教育部提出了用高等职业教育牵动中等职业教育发展，实现中、高等职业教育协调发展的要求。

二、国家中高等职业教育衔接政策与制度概述

我国中高等职业教育衔接的政策制度始于1985年的《中共中央关于教育体制改革的决定》，其首次提出了教育分流政策及高等职业学校优先招收中等职业学校学生入学的建议，可以说是中高等职业教育衔接的第一个政策依据。1991年，《国务院关于大力发展职业技术教育的决定》强调"要建设有中国特色的，从初级到高级、行业配套、结构合理、形式多样，又能与其他教育相互沟通、协调发展职业教育体系的基本框架。"1994年，国务院出台了《关于〈中国教育改革和发展纲要〉的实施意见》，文件指出"要大力发展职业教育，逐步形成初等、中等、高等职业教育和普通教育共同发展、相互衔接、比例合理的教育系列。"首次提出不同层次、不同类别教育应互相衔接。

在贯彻落实《教育法》及《中国教育改革和发展纲要》的基础上提出的跨世纪教育改革和发展的施工蓝图——《面向21世纪教育振兴行动计划》。行动计划的主要目标是到2000年，全国基本普及九年义务教育，基本扫除青壮年文盲，大力推进素质教育；完善职业教育培训和继续教育制度，努力建立符合国情的职前与职后教育培训相互贯通的体系，使初等、中等和高等职业教育与培训互相衔接，并与普通教育、成人教育互通、协调发展。虽然2007年教育部颁布的《关于进一步做好高等学校各类招生管理工作的通知》使中高等职业教育衔接的通道受到压缩。但

是教育部在 2011 年 8 月颁布的《教育部关于推进中等和高等职业教育协调发展的指导意见（教职成 [2011] 9 号)》中提出为适应地方经济的需要，各地要开展关于中高等职业教育衔接工作的研究，打通渠道，系统培养高技能人才，构建具有地方特色的现代化职业教育体系。

2010—2020 年的《国家中长期教育改革和发展规划纲要》中指出："到 2020 年，形成现代直接教育体系，进一步满足经济发展方式转变和产业结构调整的需要，同时体现终身教育的理念，进一步确保中等和高等职业教育协调发展。" 2011 年教育部颁布的《教育部关于推进中等和高等职业教育协调发展的指导意见》指出，当前职业教育仍然是我国教育事业的薄弱环节，中等和高等职业教育在专业、课程与教材体系、教学与考试评价等方面仍然存在脱节、断层或重复现象，职业教育整体吸引力不强，与加强技能型人才系统培养的要求尚有较大差距。随后《教育部 2013 年工作要点》指出，要"加快发展现代职业教育"并印发《现代职业教育体系建设规划》，全面推进建设现代职教体系和制订中高等职业教育衔接计划。2014 年，国务院下发《关于加快发展现代职业教育的决定》（国发 [2014] 19 号）和教育部、国家发展改革委、财政部、人力资源部和社会保障部、农业部（现农业农村部）、国务院扶贫办联合发布的《现代职业教育体系建设规划（2014—2020)》。教育规划纲要明确将中等和高等职业教育协调发展作为建设现代职业教育体系的重要任务。这是构建现代职业教育体系，增强职业教育支撑产业发展的能力，实现职业教育科学发展的关键所在。同时还指出："到 2020 年，形成适应发展需求、产教深度融合、中职高职衔接、职业教育与普通教育相互沟通，体现终身教育理念，具有中国特色、世界水平的现代职业教育体系。"

三、广西壮族自治区中高等职业教育衔接政策分析

中高等职业教育衔接政策是中高等职业教育衔接工作顺利开展与实践的指导性文件。每个周期和政策的层面是不同的，反映了社会和经济的发展及政府的主观意志。纵观目前广西壮族自治区关于中高等职业教育衔接方面所颁布的政策，可以看出广西壮族自治区在中高等职业教育

衔接政策上也是紧跟国家政策步伐的，同样也经历了不断的演变和变化的过程。不仅可以为广西壮族自治区中高等职业教育衔接发展确定科学的方向，还可以协调参与中高等职业教育衔接各方的关系，有效地规范和约束中高等职业教育衔接实践过程中参与主体的行为，保障中高等职业教育衔接的顺利开展。

随着广西壮族自治区"科教兴"等政策的实施，其社会经济和产业结构都发生了很大变化，因此，在对广西壮族自治区的人才结构和人才素质上有了更新的需求和要求。职业教育直接与当地的社会经济发展有着密切的关系，而这些社会形式的变化对广西壮族自治区的职业教育来说也是巨大的机遇和挑战。如何实现中高等职业教育的科学衔接就成了广西壮族自治区职业教育必须要解决的重要问题。

加快发展现代职业教育，是党中央、国务院作出的重大战略部署，是我区产业转型升级、增强核心竞争力、提高人民群众就业创业和致富能力的必然选择。自治区党委、政府始终高度重视职业教育，特别是2007年以来，我区相继实施两轮职业教育攻坚计划，得到国家的大力支持，被教育部确定为国家民族地区职业教育综合改革试验区。通过职业教育攻坚和试验区建设，我区职业教育取得显著成就，培养培训了大批合格技术技能人才，为提高劳动者素质、推动经济建设、促进民生改善作出了重要贡献。但与经济社会发展的新要求和人民群众的新期盼相比，我区职业教育还面临办学条件相对薄弱、结构不尽合理、体系有待完善、质量有待提高、体制机制有待健全等困难和问题。

为全面贯彻落实党的十八大和十八届二中、三中全会精神，深入实施中长期教育改革和发展规划纲要，深化教育领域综合改革，提高教育服务经济社会发展的能力和水平，2014年1月，中共广西壮族自治区委员会、广西壮族自治区人民政府颁布了《关于加快改革创新全面振兴教育的决定》，其中提出：围绕构建技术技能人才成长"立交桥"，建立中等职业、高等职业、应用型本科、专业学位研究生相衔接的职业教育人才成长通道，支持示范性高等职业学院与普通本科院校合作举办本科层次职业教育；支持技工学校和技师学院发展，探索建立技师学院与高等职业院校、本科院校合作培养高技能人才的新机制。

为贯彻落实《国务院关于加快发展现代职业教育的决定》（国发〔2014〕19号），加快发展我区现代职业教育，结合实际，桂政发〔2014〕43号广西壮族自治区人民政府关于贯彻《国务院关于加快发展现代职业教育的决定》的实施意见，提出如下目标任务，即到2020年，建成适应发展需求、产教深度融合、中高职等职业教育衔接、职教普教沟通、与产业发展相匹配、与扶贫富民相适应、体现终身教育理念、具有民族特色的现代职业教育体系，实现"一达标、两优化、三提升"。其中，通过搭建技术技能人才成长"立交桥"，建立中等职业教育、高等职业教育、应用型本科、专业学位研究生相衔接的职业教育人才成长通道，促进中等职业教育和高等职业教育紧密衔接。推进五年一贯制、五年分段制的中高职业教育衔接办学模式，推进中等职业教育与本科职业教育、专科职业教育与本科职业教育的衔接。推进中等和高等职业教育培养目标、专业设置、课程体系、教学过程、质量评价等方面的衔接。

2018年2月7日，自治区人民政府新闻办公室召开"广西教育提升三年行动计划"（以下简称"行动计划"）新闻发布会。"行动计划"中提出"要实施现代职业教育加快发展工程"。"加快"主要体现在优结构、提质量、补短板、促衔接四个方面。促衔接才能谋发展。一方面，未来三年，中等职业学校毕业生升专科和本科、高等职业学校毕业生升本科的比例将有所提高，有能力、有意愿、有技能的中、高等职业学校学生有更多的深造机会。另一方面，深化产教融合，促进专业链、人才链、产业链、创新链的有效衔接。强化政策引导，尽快出台广西壮族自治区产教融合实施意见，逐步提高行业企业参与办学的程度，全面推行校企协同育人政策。

第二节　中高等职业教育衔接的基本概况

中等职业教育是职业教育的重要组成部分，重点培养技能型人才，发挥基础性作用；高等职业教育是高等教育的重要组成部分，重点培养高端技能型人才，发挥引领作用。构建现代职业教育体系，增强职业教育支撑产业发展的能力，实现职业教育科学发展，中高等职业教育衔接是关键。

促进中高等职业教育协调发展、系统培养高素质技能型人才，当前需在 10 个方面重点做好衔接工作：①适应区域产业需求，明晰人才培养目标；②紧贴产业转型升级，优化专业结构布局；③深化专业教学改革，创新课程体系和教材；④强化学生素质培养，改进教育教学过程；⑤改造提升传统教学，加快信息技术应用；⑥改革招生考试制度，拓宽人才成长途径；⑦坚持以能力为核心，推进评价模式改革；⑧加强师资队伍建设，注重教师培养培训；⑨推进产教合作对接，强化行业指导作用；⑩发挥职教集团作用，促进校企合作深度等。

一、我国目前中高等职业教育衔接的基本模式

1. 一贯制模式

一贯制模式即一个高等职业院校与几个中等职业学校形成的衔接模式，通常叫 5 年一贯制，具体可分为"3 + 2"和"2 + 3"两种形式，即学生在受完中等职业教育（2 年或 3 年）的基础上再接受高等职业教育（2 年或 3 年）。

2. 对口升学模式

对口升学模式即中等职业学校与高等职业学校各自根据自己的学制年限进行教育，部分中等职业学校毕业生（中专、技校、职高毕业生）完成 3 年中等职业学校学习，通过对口升学考试进入专业对口的高等职业院校接受 2～3 年的高等职业教育模式。

3. 直通制模式

直通制模式即在一所高等职业院校内部实施的模式。由高等职业院校直接招收初中毕业生入学，前 3 年按中专教学计划实施教育，然后按 3 年的学业成绩和综合表现择优选拔部分学生升入专科，再学习两年，完成高等职业专科学业。

4. 高等职业院校自主招生模式

高职自主招生模式即中等职业院校毕业生参加高等职业院校根据不同专业要求组织的"知识＋技能"的自主招生考试后取得高等职业院校的入学资格，进入高等职业院校学习的升学模式。

二、广西壮族自治区中高等职业教育衔接的主要模式与任务内容

目前广西壮族自治区中高等职业教育学制衔接主要有两种模式，即5学年一贯制和5年分段制模式。5学年一贯制实行"2＋2＋1"分段教学，即2学年中等职业教育课程学习、2学年高等职业教育课程学习、1年企业顶岗实习；5年分段制模式又分为"2＋3"学年制模式和"3＋2"学年制模式。"2＋3"学年制实施2学年中等职业教育和3学年高等职业教育分段制培养模式；"3＋2"学年制实施3学年中等职业教育和2学年高等职业教育分段制培养模式。

根据广西壮族自治区人民政府关于贯彻《国务院关于加快发展现代职业教育的决定》的实施意见，我区推进中等职业教育和高等职业教育紧密衔接的主要工作任务就是推进5年一贯制、5年分段制的中高等职业教育衔接办学模式。推进中等职业教育与本科职业教育、专科职业教育与本科职业教育的衔接，扩大高等职业院校招收中等职业学校毕业生、本科院校招收中高等职业院校毕业生的规模和比例；推进中等和高等职业教育培养目标、专业设置、课程体系、教学过程、质量评价等方面的衔接。

三、广西壮族自治区中高等职业教育衔接存在的困难与不足之处

关于职业教育存在的问题与对策建议的综合研究，大多从现代职业教育体系构建的视角宏观地探讨这类问题。比如目前存在国内教育单向不交叉，职业教育纵向发展前景受限，职业教育体系内部缺乏制订交叉衔接等方面的问题。有的专家学者针对中高等职业教育衔接问题，从制度层面提出高等职业教育招生制度、中高等职业教育衔接制度、管理制

度有待加强等问题。有的学者认为职业教育中高等职业教育衔接不畅，可以归结为职业院校自身定位不明，职业教育未形成整体连贯的教育体系，课程标准与考核机制不制订等问题。

其实，中高等职业教育的衔接不仅包括理论，还包括专业技术能力方面的衔接，尤其是职业领域内的实践经验十分重要。当前我区中高等职业教育衔接方面还存在着很多问题。在课程与教材体系，教学与考试评价，校企合作等方面仍然存在脱节、断层或重复现象，职业教育整体吸引力不强，与加强技能型人才系统培养的要求尚有较大差距；学生管理、学生资助及教育教学过程都出现了很多问题，中高等职业教育衔接工作力度仍需进一步加强。

（一）生源层次差异极大，培养目标衔接难度大

根据广西现代职业技术学院的广西壮族自治区高等教育教学改革工程项目"中等职业教育与高等职业教育对接模式的探索与实践研究——以河池职业教育学院为例"的研究实践表明，从该学院实施中高等职业教育衔接的实践来看，目前主要困扰的问题有学生来源渠道多，层次复杂，文化基础参差不齐，学生综合素质差异大，教学与管理难度很大。截至2016年6月，全学院共有学生6 100人，其中普高生源学生3 000人，占49.2%；普职融通生源学生200人，占3.3%；"3＋2"学生300人，占4.9%；"2＋3"学生1 800人，占29.5%；"5年一贯制"学生100人，占1.6%；"1＋4"学生700人，占11.5%。上述数据表明，中高等职业教育衔接学生所占的比例已在半数以上，而且来源不一，层次不同，各方面差异很大。

各层次职业教育培养目标的准确定位是实现完善的职业教育课程体系和教学标准的前提条件。目前，我国同类专业的中、高等职业教育专业培养目标之间没有依存性。高等职业教育高端技能型专门人才的培养与中等职业教育技能型人才的培养相对独立，没能建立其技能型人才和高端技能型人才培养的衔接。目前，中等职业教育培养目标呈现出的似乎是"多元"现象，但实质是中等职业教育培养目标不明确的表现，是中高等职业教育衔接不到位和不科学的副产品，是高等职业院校入学

考试的内容和方法及要求与中等职业教育以职业素质和技能为核心组织起来的培养目标错位的现象。

（二）中高等职业学校师资队伍缺乏有效沟通

目前整个广西壮族自治区的职业教育体系中，中等职业学校和高等职业院校的两支教师队伍可以说是几乎没有交集的。中等职业学校教师长期面对大量文化基础较低的初中毕业生，已经形成了一整套不同于中学的教学管理模式和方法，但对高等职业学校的情况了解甚微，一切均按照中等职业学校的制度开展工作。而高等职业学校的教师面对中等职业学校升学上来的学生及学校提出的教学改革和要求、管理的模式和措施，需要使用完全不同于以往的教学和管理的模式和方法，一时难以适应。思想上有抵触，观念亟须更新，行动亟须跟上；同时职业院校的专业设置需要不断更新，因此，专业教师紧缺，尤其是"双师型""动手型"教师严重不足已经成为一种常态。中高等职业学校之间缺乏有效的沟通交流，缺乏互相学习、共同进步的环境氛围，更加无法针对学生的实际情况互通有效的教学管理模式和方法。

（三）基础课程教学不衔接

目前很多中等职业学校教育教学仍存在"重技能轻文化、重操作轻理论"的现象，有些中等职业学校甚至在课程设置方面隐性削减了基础课的课时。中等职业学校学生文化课基础较为薄弱，尤其是数学、英语等基础课程。中等职业学校毕业生升入高等职业院校后，对文化基础课的学习普遍感到比较困难，这也反映出中、高等职业教育课程体系构建的思想和原则的差异。相反，有些中等职业学校为了能够让学生通过高等职业院校招考，变相走"应试教育"之路，一方面让学生把时间大部分花费在补习高中文化课上；另一方面为了自身的生存，一味满足文化课的需求，降低专业课要求和技能标准。这样做既违背了教育规律，又损害了学生的身心健康。这些都不是职业学校想看到的情形，最终将导致学生产生更加抵触的心理，事倍功半。

（四）专业课程教学内容不衔接

课程的衔接最终要落实到教学内容的衔接。目前开发出的适合中高等职业教育衔接的教材很少。中等职业学校和高等职业院校各自构建自己的专业课程体系并确定课程教学内容。中高等职业院校之间缺少有效的沟通，造成一些专业课程在中高职阶段内容重复的现象。专业课程的知识结构和能力结构、科学设计的教学单元，无法确保教学内容的衔接和延展，教材的针对性和实效性不强。在实习训练与专业技能培养方面，中等职业学校毕业生升入高等职业院校后，有些实践训练项目与中等职业学校相差不多，存在重复训练的现象。这不仅造成中高等职业教育资源与学习时间的浪费，也严重影响了学生的学习兴趣与积极性。

（五）校企合作衔接深度不够

政府相关部门一直都支持和鼓励行业主管部门和行业组织开展本行业各级各类技能型人才需求预测，参与中等职业教育和高等职业教育专业设置和建设，指导人才培养方案设计，促进课程内容和职业资格标准融通；推动和督促企业与职业学校共建教学与生产合一的开放式实训基地，根据中高等职业教育两个阶段的人才培养目标，结合行业企业的典型工作任务，按照中高等职业教育两个阶段人才培养目标的不同定位，以及获取不同级别职业资格证书的要求，依据主要岗位工作任务需求确定中高等职业教育不同阶段的课程教学内容，推动课程标准与职业标准融合，使学历教育与职业技能培训相对接，突出中高等职业教育衔接的职业特性。

但事实上，在很多合作项目上，教育部门、企业的主管部门和劳动部门之间不能充分协调，也不能有效地调动学校和企业合作的积极性和主动性，极大地影响了校企合作的发展前景。而且，目前很多职业院校在校企合作中的人才培养活动并没有从学生的根本立场出发，而是为了拓宽学生就业渠道，开设更多的合作课程，从根本上忽略了人才培养和管理模式质量的提高与学生的个体发展之间的联系。校企合作中，学校只是为学生提供一个就业环境，而企业是给学生提供一个锻炼环境。学生毕业后，企业不管其专业是否对口，首先进行顶岗实习，以此解决企业的人才短缺问题。学校和企业对校企合作的认识与合作深度都不够，只注重当前的经济效益。这种校企合作只停留在浅层，并没有从根本上参与培养人才的全过程。这个问题已经成为提高校企合作有效衔接程度的障碍。

第三节　广西壮族自治区中高等职业教育衔接策略探讨分析

一、广西壮族自治区中高等职业教育衔接政策建议

中等职业教育与高等职业教育是同类性质的两个不同阶段和层次的教育，在经济社会发展需求的不同时期各自担当起应用技能型人才培养的重任。进入 21 世纪以来，随着中国经济增长方式的转变，产业结构的调整，社会经济发展对人才需求结构的改变，人才需求趋向高层次已成为不争的事实。经济的发展对职业技术教育提出了新的要求。在大力发展高等职业技术教育的同时，如何做好中高等职业教育之间的衔接已经成为关系到职业教育健康发展的重要而迫切的问题。

现代职业教育学制研究课题组研究发现，目前我国学制存在中、高等职业教育贯通不畅，职业教育与社会教育沟通不畅，职业教育与普通教育融通不够等问题。因此，课题组提出应该搭建多元互通的职业教育立交桥，构建制订灵活的课程体系，建立国家资格框架制度、有弹性的教学管理制度等建议。有学者提出应建设中高等职业教育衔接的大"立交"，构建以学分为核心的衔接体系，以提升职业能力为发展目标，优化中高等职业教育衔接的大"环境"。针对广西壮族自治区中高等职业教育衔接存在的实际情况和问题，提出以下 2 个政策建议：

（一）政府助推，措施保障职业教育

为了确保中高等职业教育衔接顺利进行，中、高等职业教育衔接必须借助法律法规的力量严格执行，强化政府行为，加强政府统筹和宏观调控，建立对职业学校进行科学、权威的评价机构，给予学校更多权

力，让专业和课程个性化、多样化，进一步从"大职教观"和满足学生长远发展需要及社会多样化的需求出发，政府通过立法保障职教各种证书的社会价值，使以职教文凭相关的证书，同样可以取得升学资格，也可以凭相应的国家职业资格证书直接升学。

(二) 共建职教集团，多方共赢

为了解决长期以来中高等职业教育之间在人才培养目标衔接、专业和课程衔接、质量评价机制衔接等方面存在的脱节或重复现象，搭建中高等职业教育之间有效的沟通机制和系统化合作平台，以"政府统筹、高职引领、校校联合、校企合作"的形式，共建职教集团。职教集团中的中高等职业院校和区域企业之间是一种紧密合作，三者对技能型人才的培养是依托职教集团的系统性联合培养，既有中高等职业院校与区域企业间的横向联合，也有中等职业学校和高等职业院校之间的纵向联合。本着"共建共享、合作多赢"的准则，通过建设教科项目和技能竞赛平台及"双师型"教师培养等多种措施，促进中高等职业院校在教学内容、教学方法等方面的衔接，较好地解决传统中高等职业院校衔接中沟通不畅、衔接不紧密等问题，最终通过整合中高等职业院校和社会资源，实现资源的优化配置与共享，发挥群体优势，有效提升中高等职业教育服务区域经济社会发展的综合能力和水平。通过政府主导和社会参与、高等职业院校引领中等职业学校，整体推进的发展模式，借助职教集团的统筹规划，中等职业学校、高等职业院校和区域企业协调发展，充分发挥三者各自的优势，对资源进行优化配置和共享，最大限度地发挥资源效益，利用群体优势使职业教育更好地服务区域社会经济。

二、政府政策引导和整体协调策略分析

中高等职业教育衔接是一项系统工程，是通过政府的政策引导和整体协调形成顶层推动，整体协同推进的中高等职业教育衔接工作体制机制。教育的本质是使"人"成为"社会人""全面发展的人""对社会有价值的人"。中高等职业教育衔接将打破原来的中高等职业教育各自为政的分割局面，重新制订并实施一体化人才培养方案，重构课程体系

等。政府和学校投入大量经费，为中高等职业教育衔接建设提供人才、设施设备、技术等多方支持，提升一线劳动者的经济与社会地位，增强职业教育的吸引力，创造条件，打通职业教育、普通教育、继续教育之间的通道，为人们终身学习提供衔接平台，提高全社会对职业教育类型价值的共识。进一步从"大职教观"和满足学生长远发展需要和社会多样化需求出发，从办人民满意的职业教育、可持续发展的职业教育、增强职业教育吸引力等理念出发，继续解放思想，加大开放和改革创新的力度。

自治区教育厅在示范性职业院校建设、实训基地建设、示范专业建设、师资队伍建设、学生助（奖）学金补助等方面进一步加大对五年制高等职业教育发展的政策支持和经费投入力度。各职业院校办学主管部门要按照有关办学条件标准和管理要求足额拨付经费，配好教师队伍，加强内涵建设，支持改革发展。鼓励各地、各职业院校积极开展五年制高等职业教育办学的理论研究和实践探索。建立健全五年制高等职业教育办学评估体系，完善评估办法，加强评估考核，引导五年制高等职业教育科学发展，搭建出中等职业教育和高等职业教育与本科、研究生衔接的职业教育人才成长"立交桥"，推进中等职业教育和高等职业教育紧密衔接。

三、培养目标的衔接策略分析

中等职业教育与高等职业教育在培养目标、培养模式上既有一致性，又有着层次上的差别，中等职业教育强调的是有一技之长，其核心是强调培养实用型、技能型、操作型人才；而高等职业教育的目标定位应该表现出高层次性，强调培养应用型、管理型和高级技能型人才，比中等职业教育有更深更广的专业理论、更新更高的技术水平及广泛的适应性，特别是要有更强的综合素质与创新能力。因此，中高等职业教育的衔接首先应是培养目标的衔接，即预期工作岗位的层次衔接，而工作岗位的科学定位在于国家职业标准。中、高等职业学校双方要选择优秀教师在当地行业进行调查，参考当地企业、学校、政府价值取向后，共同制订考试科目、考试标准和考取何种技能证书；建议相关部门尽快制订中高等职业教育衔接的评价标准。在研制过程中，必须认真分析经济社会发展的人才需求特征，对比中高等职业教育院校人才培养的情况。中、高等职业院校要加强合作与交流，与行业、企业一起共同组成办学合作联盟，共同制订中高等职业教育衔接的专业建设规划、人才培养方案和教育教学计划。

广西壮族自治区中等职业学校与高等职业院校间的衔接应以优质专业衔接为纽带；要围绕区域发展总体规划和主体功能区定位对不同层次、类型人才的需求，合理确定中等和高等职业教育的人才培养规格；以专业人才培养方案为载体，强化学生职业道德、职业技能、就业创业能力的培养；注重中、高等职业教育在培养目标、专业内涵、教学条件等方面的延续与衔接；形成适应区域经济结构布局和产业升级需要，优势互补、分工协作的职业教育格局。

四、专业与课程体系设置衔接策略分析

中高等职业教育衔接的基础在于专业的对口衔接，其决定着中高等职业教育在培养目标、课程体系衔接上能否得以顺利实现。应根据职业、行业、产业的实际情况进行专业设置，科学配置教育资源，提高中、高等职业教育专业设置衔接的契合度。中高等职业教育专业衔接宜以专业群的形式宽口径衔接，可以增强中高等职业教育相近专业的相容性和衔接性。中等职业教育的专业要更加针对职业，可以按照职业岗位设置；高等职业教育专业的设置应是中等职业学校专业设置的纵向延伸和横向拓宽，按照对口专业设置课程，做到"专业有所对口、课程有所对应、内容有所区分、知识与技能由浅入深"。

课程衔接是中高等职业教育衔接的核心。根据中高等职业教育两个阶段的人才培养目标，坐实课程衔接，推进中高等职业教育微观衔接与内涵发展。中高等职业教育课程的衔接必须以专业对口或专业相近为前提。中高等职业教育院校应联合行业协会、企业、职业教育学者、课程专家共同商定、系统构建中、高等职业教育课程体系，通过职业岗位分析、工作任务分析与职业能力分析，确定一般技能人才和高级技能人才的不同培养规格。应结合行业企业的典型工作任务，根据中高等职业教

育衔接的课程体系、教学计划及专业核心课程标准，以及知识、能力、素质要求确定中高等职业教育不同层次的课程内容。这种方法减少了课程设置重复，课程内容交叉、重叠等主要问题，为中高等职业教育院校课程开发、教材编写及教学资源库建设等教学工作的开展奠定了坚实的基础。

五、教学内容衔接策略分析

专业课程的衔接最终要落实到教学内容的衔接。中高等职业院校组建由专业带头人、企业专家、骨干教师组成的教材开发团队，依据"理论够用、实用""专业基础内容量力下移""专业重复内容合理删减合并"的基本原则，联合开发适合中、高等职业教育衔接的教材，做好"加减法"，即培养实践能力方面做"加法"，强化系统的技能训练；而在文化课特别是高等数学、英语等基础课程上做"减法"。适当降低难度，"够用"就行。依据主要岗位工作任务需求确定中高等职业教育不同阶段的课程教学内容，推动课程标准与职业标准融合，突出中高等职业教育衔接的职业特性，确保教学内容的衔接和延展，避免内容的重复，提高教材的针对性和实效性。

六、教学过程与质量评价衔接策略分析

中高等职业教育衔接的目的是让学生在学习中等职业教育课程并形成一定职业能力的基础上，再进一步学习与之相衔接的高等职业教育课程，进而形成更强的职业能力。中高等职业教育的衔接不仅包括理论的衔接，还包括专业技术能力方面的衔接，尤其是职业领域内的实践经验。中高等职业教育办学主体一体化有助于中高等职业教育的教学过程与质量评价实现顺利对接。改革以学校和课堂为中心的传统教学方式，重视实践教学、项目教学和团队学习；开设丰富多彩的课程，提高学生学习的积极性和主动性；研究借鉴优秀企业文化，培养具有职业学校特点的校园文化；强化学生诚实守信、爱岗敬业的职业素质，加强学生就业创业能力和创新意识的培养，促进职业学校的学生人人成才。在教学过程中，鼓励教师采用现场授课和项目导向、工作过程导向的理实一体

化教学模式，充分发挥学生的主体性，以适应中高等职业学校学生喜欢动手，实践能力强的特点。还可以开展信息化教学及教学软件应用大赛等活动，提高教师教育技术和信息技术应用水平，使教学更生动、更具有趣味性，寓教于乐，激发学生的学习兴趣并调动学生的学习积极性。

中等职业教育阶段的教学既要满足学生的就业要求，又要为学生的职业发展和继续学习打好基础。要围绕中等和高等职业教育接续专业的人才培养目标，系统设计、统筹规划课程开发和教材建设，明确各自的教学重点，制订课程标准，调整课程结构与内容，完善教学管理与评价，推进专业课程体系和教材的有机衔接。以能力培养为核心，以职业资格标准为纽带，促进中等和高等职业教育人才培养质量评价标准和评价主体的有效衔接；推行"双证书"制度，积极组织和参与技能竞赛活动，探索中等职业学校与高等职业学校学生技能水平评价的互通互认。

七、职业教育与产业需求衔接策略分析

围绕广西壮族自治区"14＋10"千亿元产业发展需求，改革和完善直属院校专业设置，推动职业教育与产业需求对接，做好职业教育专业设置与产业需求对接；围绕"14＋10"千亿元产业发展需要，按照面向生产服务一线，做好专业与职业岗位对接，专业课程内容与职业标准对接，教学过程与生产过程对接，学历证书与职业资格证书对接。按照职业教育与终身学习对接的要求，紧跟我区产业转型升级，围绕广西壮族自治区"14＋10"产业体系和经济发展的要求，建立专业设置随产业发展动态调整机制，形成与区域经济和产业转型升级相匹配的学科专业结构；大力开展"订单"式培养，校企共同制订教学计划，实现人才培养与区域经济发展深度融合，实现招生、教学、实习、就业无缝对接，不断提高毕业生在区内就业的初次就业率，为我区产业结构调整和劳动者创业就业做出积极贡献。

我区政府有关部门支持和鼓励行业主管部门和行业组织开展本行业各级各类技能型人才需求预测，参与中等和高等职业教育专业设置和建设，指导人才培养方案设计，促进课程内容和职业资格标准融通；推动和督促企业与职业学校共建教学与生产合一的开放式

实训基地，合作开展兼职教师选聘；组织指导职业学校教师企业实践、学生实习、就业推荐等工作。引导和鼓励中等和高等职业院校以专业和产业为纽带，与行业企业和区域经济建立紧密联系，成立中高等职业学校与行业企业协会结成校企行联盟，创新集团化和校企理事会制度的职业教育发展模式。切实发挥办学合作联盟的资源整合优化作用，实现资源共享和优势互补，形成教学链、产业链、利益链的融合体。积极发挥办学合作联盟的平台作用，建立校企合作双赢机制，以合作办学促发展，以合作育人促就业；构建协作机制，实现不同区域、不同层次职业教育协调发展。吸收行业企业、研究机构和其他社会组织共同参与人才培养质量评价，将毕业生就业率、就业质量、创业成效等作为衡量人才培养质量的重要指标，形成相互衔接的多元评价机制。

第四节　广西壮族自治区中高等职业教育共建共享衔接模式探索

中等职业教育与高等职业教育是两个不同层级的职业教育，两者之间顺畅地实现互通互融，对职业教育发展至关重要。在大力发展高等职业技术教育的同时，如何做好中高等职业教育之间的衔接已经成为关系到职业教育健康发展的重要而迫切的问题。广西各职业院校都很重视这个问题，并针对中高等职业教育不衔接问题采取有效对策，充分发挥整合整个职业教育系统功能，进行中高等职业教育共建共享衔接模式的探索、实践、改进，形成一条供求高度耦合的现代职业教育培养体系，真正增强职业教育的吸引力，努力实现中高等职业教育衔接，为广西壮族自治区现代职业教育的发展贡献力量。

一、广西壮族自治区各院校对中高等职业教育共建共享衔接模式探索与实践案例

比如广西职业技术学院为创新校企合作办学体制机制，促进产

教深度融合，与广西农垦茶业集团有限公司共同牵头，联合企业、中高等职业院校、其他科研院所等45个单位成立学院理事会和广西茶业职业教育集团，联合行业企业、社区、学院等五方80个单位，组建行业主导型广西职业技术学院理事会，形成"五方联动、两层合作"的校企合作架构。广西茶业职教集团对接广西茶产业，整合行业企业、科研院所资源，探索中高等职业教育集团化办学模式，为横县、昭平、灵山等区内七个重点产茶县培养人才，为茶叶企业提供涵盖茶叶种植、加工、包装、销售、茶文化发展推广产业链的全程服务，促进教育链和产业链的有机融合。学院带动了4所高等职业院校和7所中等职业学校的茶叶专业发展，与昭平县职业教育中心、横县职业教育中心的茶叶专业联合开展县级职业教育办学改革试点工作，为县域经济发展作出贡献。

南宁职业技术学院通过多种形式培养多层次应用型人才，推进现代职业教育体系的构建，实现"中职—高职—本科"层次职业教育的贯通，多层次应用人才培养建设职教"立交桥"。主要办学形式包括对口衔接县级职业技术学校、对口招生、对口帮扶薄弱中等职业院校、高端应用型本科试点、中等职业学校师资定向培养计划等。近年来，学校对口衔接县级职业技术学校4所，共完成中等职业院校对口招生1 950人，对口帮扶薄弱中、高等职业院校十余所，取得较为显著的成效，为地区中等职业教育的发展提供了优质的教育资源。

桂林电子科技大学（以下简称"学校"）构建分层次教学与多证教育相结合的新模式——"中等职业学校对口招生"人才培养模式的探索与实践，其职业技术学院结合高等职业教育特点，紧密结合地方经济发展，注重培养学生实践动手能力和专业技术能力，实施"学历＋职业资格证书＋订单式"人才培养模式，培养"素质高、技术精"的应用型人才。学校从2009年开始招收中等职业教育对口学生以来，已经累计招收575名中等职业教育对口生。学校针对中等职业教育对口招生进来的学生的实际情况，结合高等职业教育特点，紧密结合地方经济发展，以培养学生的技术应用能力和职业素质为主线，根据知识结构及技能需求制订模块化教学计划，按照技术领域和职业岗位（群）的实际需求，在设置课程、组织教学、强化专业技能训练、构建"分层次教学与多证教育相结合新模式"等方面，进行了一些探索和实践。其具体做法如下：

1. 加强基础课程补习

针对中等职业学校学生一些薄弱的课程，学校专门制订给新招收进来的中职学生增设相应的基础课程，中职学生在完成教学计划规定的课程以外，利用周末和晚上的时间学习增设的基础课程，为后面的学习打下基础。

2. 分层次教

在招收中等职业教育对口学生进校后，学校再探讨对中职对口学生培养上采取分层次教学与重点辅导相结合的方法。

3. 多证教育并行与学历上升空间培养相结合

在中等职业教育对口学生的专业技能学习过程中，学校鼓励中职学生考取与所学专业相关的职业技能证书，如会计从业资格证、营销师、电工证、电子商务员、平面设计师等；并专门为学生开设考证课程，进行考证培训，增加学生就业的砝码。在鼓励中职学生取得职业技能证书的同时，学校争取动员中职学生多渠道提升学历，并注重通过"专升本""专本衔接"等方式提高学生的学历水平。

梧州学院则是贯通职业教育的上升通道，探索构建现代职业教育体系实践。学院根据中等职业教育专升本学生的特点，积极开展了一些培养措施：

1. 独立编班，专门培养模式

根据中等职业教育毕业生基础知识相对薄弱的特点，在数学、物理及英语等基础课程上，引入并补充一些高中知识内容，让学生的基础知识能从中等职业教育水平向本科水平平滑过渡；在人才培养过程中，兼顾理论和实践能力培养，突出技术应用和技术创新能力，将理论课程和综合实践课程有机结合，实行项目化教学。

2. 加强教材建设，编写适合中等职业教育专升本学生的自编教材

根据中等职业教育专升本学生培养目标的不同，为满足实施多层次差异化教学的需要，教材内容分基础篇、进阶篇和综合篇，以适合中等职业教育专升本学生的需求。

3. 改革考试考核方式

增加实践形式的考核，减少纯理论方式考核；完善相应的学分制管理制度，对学生的外语要求进行适当的降低；鼓励并组织中等职业教育专升本学生多参加各种职业技能比赛，若获得国家级、省级比赛奖项则对相应课程实行免修制度等。

4. 强调实践能力培养，侧重安排"双师型"师资队伍教学

选择具有丰富工程经验的"双师型"教师担任中等职业教育专升本学生的授课教师。中等职业教育专升本学生的实践能力基础较好，"双师型"教师授课可以在工程技术方面跟他们有更多的沟通。

5. 校、行企深度合作共同育人

在教学模式的探索上，与企业及工业园区进行合作，采用订单培养的模式，根据行业企业需求，重组课程体系，将专业理论知识、实践动手能力、职业能力要求进行分解，形成课程体系新框架。

二、中高等职业教育衔接有效做法的总结

经过多年的摸索与实践，广西壮族自治区各院校、企业行业就中高等职业教育衔接在实践层面取得一定的进展，在实际工作中也总结出一些有效的做法。

（一）共同成立中高等职业教育衔接工作领导小组

首先是高等职业院校成立以学院领导、中层分管领导和各联办中等职业学校领导、中层分管领导为成员的中高等职业教育教学工作领导小组，负责统筹、规划、协调中高等职业教育衔接全面工作；负责定期召开研讨会，研究解决人才培养方案实施过程中出现的各类问题，负责制订激励机制和保障机制，促进各类教学资源有效共享。

（二）中高等职业院校共同开展招生工作

高等职业院校与各联办中等职业学校衔接招生工作，建立定期沟通

机制，每年定期召开中等职业学校对口招生工作会议，研究布置中高等职业教育衔接招生工作。与中等职业学校签订合作办学协议，明确优先安排中高等职业教育衔接招生计划。与中等职业学校组建联合招生工作组，联合制作招生宣传材料，组织有意向进入高等职业院校学习的学生进校参观，引导其根据兴趣合理分流。在中等职业学校新生中介绍高等职业教育情况，尝试共同开展职业渗透教育，向学生指明高等职业技术人才成长和发展的路径，与中等职业学校一起努力稳定新生生源。

（三）中高等职业院校共同制订人才培养方案

以专业为纽带，中等职业学校与高等职业院校间确定中高等职业教育人才培养规格；以专业人才培养方案为载体，强化学生职业道德、职业技能、就业创业能力的培养。强调中、高等职业院校在培养目标、专业内涵、教学条件等方面的延续与衔接。

（四）共同开展教学研讨活动

中高等职业院校积极搭建教师交流学习的平台，双向提高中高等职业院校教师队伍的整体教学水平。高等职业院校每年适时选派专业带头人和骨干教师到中等职业学校开展调研和研讨，了解中等职业学校的教学状况、教师的教学水平及学生学习情况，以便不断调整高等职业教育阶段的教学目标和教学策略，寻求探讨最适合中等职业学校学生学习的教学方法和途径。定期组织相关教师召开如何提高中高等职业教育衔接教学质量的研讨会，总结和交流教学经验，持续开展改进教学方法和手段的教学改革。

（五）产教融合促进就业

积极推动职业教育体制机制改革创新，充分发挥市场机制作用，引导行业企业和社会力量参与办学，深化产教融合，强化校企协同育人，扩大优质职业教育资源，激发学校发展活力。推动职业教育专业设置与产业需求对接、课程内容与职业标准对接、教学过程与生产过程对接、毕业证书与职业资格证书对接、职业教育与终身学习对接，以提高毕业生就业创业能力。

第五章　中等职业学校教师专业化团队建设夯实专业发展基础

第一节　中等职业学校教师专业化发展现状

随着建立现代职业教育体系为契机的职业教育发展新时期的来临，我国中等职业学校教师的专业发展也进入了一个新时期。中等职业学校教师专业化发展成为近年来职业教育领域受关注的重要问题。教育部2013年9月颁布的《中等职业学校教师专业标准（试行）》的通知中，将中等职业学校教师专业标准的基本内容划分为专业理念、师德、专业知识、专业能力4个维度。教育的质量和成果关系着国家将来的发展，教师的发展关系着教育事业的未来，任何一个地区的教育取得成功的关键在于建立一支素质优良的专业化教师队伍。国家大计，教育为本；教育大计，教师为本；教师大计，发展为本。由此可见，中等职业学校教师的专业发展水平深刻影响着未来职业教育的发展前景。

随着科技的进步，知识的增长，人类社会越来越要求专业化，社会各行各业都开始有了专业规范和标准，追求专业成为一股不可逆转的趋势，专业化必然是这个时代验证工作表现和贡献成效的重要标准。同时，专业化潮流也早已波及教师领域。新形式、新要求赋予职业学校新的使命，给职业教育发展带来挑战和机遇的同时，对教师专业发展的要求也会更高。教师是学校发展的决定性资源，教师的专业素质直接影响着学校的办学水平，教师的专业发展决定着教育质量的优化和提升。

"教育质量关注焦点已经从改进学校的质量转移到改进教师的质量上。"因此，提高职业学校教师的专业化能力是当前学校改革发展的重中之重。

一、中等职业学校教师专业发展阶段

据研究表明，当前教师专业化发展分为五个阶段。

教师专业发展的五个阶段

1. 角色适应期

一个新教师走上工作岗位，首先要完成从学生或行业人员到教师这种角色的转变，适应新的社会身份和新的人际关系。

2. 知识扩充期

一个新教师在经过了适应期后，会发现自身存在的不足，尤其是知识方面的欠缺。这些不足，除了本体性知识和背景性知识外，更多的属于条件性知识的缺乏。

3. 发展高原期

教师在达到一定阶段后，就到了人们常说的高原期，即发展速度变得迟缓或停滞不前。在这一时期，教师往往对所从事的职业感到迷茫和困惑，较依赖于外部的要求；对所从教的专业没有针对性和个性化发展。如果不对教师加以引导，许多教师的教育教学水平就会始终停留在这个水平。

4. 专业创造期

对于顺利跨出高原期的教师，学校应积极鼓励其进行学术研究，积极进行个人专业发展，促使他们向实践型专业带头人、教学名师、教育家行列迈进。

5. 示范拓展期

此时的教师已经能够自觉地贯彻学校的办学理念、传承学校的办学特色，带动专业教师团队朝着学校发展的方向与路径前进。

二、中等职业学校教师专业发展现状

对于职前教育，我国起步较晚，专门培养职业教师的专职学校极少，大部分职业教师都是从师范院校毕业后直接进入职业学校担任专业教师。他们虽有较高的理论水平，但缺乏专业知识和专业技能，没有了解企业行业的实际需求，无法胜任工作。也有一部分专业教师由企业的技术人员担任，大多数为老工人，虽有较强的专业技能，但缺乏先进的专业前沿知识。我国当前的职业教师专业化培训现状形势严峻，没有形成具体有效的职业教育教师专业化理念体系；职业教育教师专业化研究尚处于萌芽状态，职业教育教师专业化体系还不完整，对一些理论的理解存在概念不清楚、内涵不制订的情况，主要表现在以下 4 个方面：

（一）中等职业学校教师个人专业化发展认知存在差异

由于国内对教师专业化发展研究起步较晚，很少有老师对自己的职业生涯进行规划，对个人专业化发展的认知与理念也停留在表层状态。国内学者叶澜认为教师专业发展是指教师的专业成长或内在专业结构不断更新的过程，包括观念、知识、能力、专业态度和动机、自我专业发展意识等各方面的提升。著名学者钟启泉则指出，教师专业发展不仅包括掌握知识和技能，还应包括教师的全面发展。在发展过程中，教师需要自我理解、反思、实践，不断创新。

中等职业学校教师也和其他各级各类学校的教师一样渴望不断的发展，但碍于目前职业教育没有良好的专业发展环境，中等职业学校教师对自我专业成长重视不够，对于自己所欠缺的知识与技能范围不能准确定位，没有个人专业化发展理念。有些教师认为自己欠缺理论知识，科研能力较差，写不出好的论文，无法主编相关教材，影响职称评审。故只需要提高科研水平，撰写几篇教学论文，应对职称申报条件即可；而有些教师认为课堂教学方法与手段比较落后，学生的学习热情不高，课堂效果不佳，因此，专注于课堂教学方法与手段的探索；也有少数教师认为自己的专业技术知识跟不上时代的发展，无法与时俱进，专业实践操作技能与实际需求脱轨；还有的教师缺乏职业教育者的观念，跟不上职业发展的需求，没有意识到教师的发展能够直接影响学校的发展，总认为学校的发展与自己无关，只要上好自己的课就万事大吉；更有的教师认为自己获得相关的行业资格证书就能说明自己掌握该类型技能，是

"双师型"教师，符合职业教育发展的需要。职业学校的教师即使通过考试取得相关的职业资格证书，还必须有实际的工作经历才可以。现在甚至还有很多教师不知道促进自己专业成长的途径是什么。

（二）中等职业学校教师个人专业知识及结构尚需调整

专业知识是教师专业发展的重要组成部分，包含教师专业知识的不断丰富增进及对专业知识理解的不断加深两层含义。在教师专业发展过程中，教师的教育教学工作离不开其专业知识的支撑，因为专业知识是促进教师职业活动顺利进行的先决条件。专业知识包括教育知识、职业背景知识、课程教学知识、通识性知识。各类型教师专业知识发展路径和策略既有共性又有个性，不同的专业只是成分有不同的来源和发展途径。

由于大部分中等职业学校教师都是大学毕业后直接到中等职业学校任教，虽然掌握所教专业的知识体系和基本规律，但是职业背景知识比较薄弱，即中等职业学校教师对所教学科与相关职业的对口知识比较匮乏。许多中等职业学校教师的职业背景知识和专业知识自主发展意识比较薄弱，主要表现在：①不了解所在区域经济发展情况、相关行业现状趋势与人才需求、世界技术技能前沿水平等基本情况；对所教专业与相关职业的关系比较模糊；②没有掌握所教专业涉及的职业资格及其标准；③不清楚毕业生对口单位的用人标准、岗位职责等情况。因此，教学过程容易偏向从知识到信息的传授，缺乏行业背景知识和工作岗位要求的再现。

近年来，中等职业学校与企业合作办学，逐渐从企业引进专业人才担任专业教师工作。部分专业教师由企业的技术人员担任，有的是即将退休的或已经退休的企业人，虽然这些专业教师都具备较强的专业技能，但缺乏教育知识、课程教学知识及先进的专业前沿知识。

（三）中等职业学校教师实践操作能力有待提高

中等职业学校的学生毕业后是直接走向社会，走上职业岗位的。在职业岗位中，毕业生是依托相应工作技能和工作实境，运用专业知识完成技术操作的，而大部分中等职业学校存在教师来源渠道单一，实践操作教学技能水平不足的现象。教师虽然学历高，但对职业教育理解不透彻，动手操作能力不强，仅能讲授专业理论基础课程，知识更新的速度跟不上社会对职业岗位要求的变化，不能参与并指导学生操作实训课程，或者实践操作教学效果不尽人意，自然无法提高学生的专业技能水平。中等职业学校教师专业技术能力水平的高低，在很大程度上决定了职业学校学生职业技术能力及职业竞争力的高低。因此，提高中等职业学校教师的专业化技术能力是十分重要的问题。

（四）中等职业学校教师职业倦怠现象较为严重

实行教师专业发展是教育科学迅速发展的必然结果。著名学者钟启泉指出，教师专业发展不仅包括掌握知识和技能，还包括教师的全面发展。在发展的过程中教师需要自我理解、反思、实践，不断调适，不断创新进取。

中等职业学校教师作为中等职业学校发展的关键因素，激发其工作主动性有利于中等职业学校长远发展。然而，中等职业学校教师普遍存在职业倦怠现象。随着社会的变革与经济的发展，教育形势发生了根本变化。社会观念的更新和教育体制的变革给现在的教师提出了更多的要求和挑战。

随着对所从事的职业教育的深入认识与了解，教师如果发现其与自己的期望值有一定的出入，就会产生一种极端反应。中等职业学校教师的职业倦怠主要表现在情绪低落、消极怠慢、低职业效能感等几个方面。具体体现在：教师对中职教育行业热情降低，对作为服务对象的学生表现冷淡甚至漠不关心，对学校或工作感到悲观失望，不愿意让别人知道自己是职业学校的老师，对教学工作应付了事，不再自觉地努力地去提高工作质量，在工作中感到身心疲惫。课堂上面对学生，甚至感到烦躁、焦虑不安；对自身工作的价值产生怀疑，很多中等职业学校教师，尤其是一线教师、具有中级以上职称的教师或年纪稍微偏大的教师往往认为自己的专业知识和技能没有发挥的余地，有时候课上学生课堂纪律的管理比教授专业知识和技能花费的时间和精力还多，从教学工作中感受不到自身价值或压根没有价值可言；有些教师身兼数职，担任多门专业课的教学工作，没有更多的精力钻研业务，所以理念更新缓慢，信息化技术教学能力欠佳，技能水平长期处于停滞状态或专业技能水平与企业的实际需求脱节，最终导致教师对教学工作丧失信心。

中等职业学校教师中普遍存在对自我职业生涯规划不重视的现象，即使规划了也欠科学和正规，并且在实施中也存在着种种不足，甚至偏离了自己原先规划的目标。由于社会环境的影响和教师个体适应不良等种种原因，职业倦怠现象在教师队伍中正悄然蔓延，这种现象严重影响现有教师的专业知识和技能的正常发挥，降低教育教学效果。这将不利于职业学校的内涵发展。

三、广西中等职业学校教师专业化发展现状

由于我国中等职业学校教师专业化发展相对缓慢，除了专业教师整体数量不足，教师队伍结构性失调等普遍性的现象外，广西中等职业学校教师个人发展过程中同样面临一些窘境。

中等职业学校教师专业化团队发展状况

随着国家对职业教育的重视，中等职业学校教师在职业教育中发挥着不可忽视的作用。发展中等职业学校教师成为双师型教师是当下职业教育发展的趋势。伴随职业教育教师专业化的不断发展，"双师型"教师在中等职业教育领域受到广泛关注，并成为社会评价中等职业教育的一个"硬性指标"。这会为学生的就业和创业培养一技或多技之长。而要给学生一杯水，教师必须有长流水，广大中等职业学校必须认真提高教师的"双师"素质。

广西壮族自治区总体上还属于欠发达地区，由于各方面条件的限制，中等职业学校"双师型"教师培养现状不容乐观，主要表现在以下两个方面：

1. "双师型"师资的定位存在偏差

当前，只要教育主管部门要求中等职业学校提高"双师型"师资，各中等职业学校马上组织教师参加各种职业资格证或职能考试，持有各种资格证书的教师人数会在短时间内"飙升"，但实际上能够真正成为

"双师型"教师的人数却很少。这种急功近利的做法并不符合人才培养的客观规律，把取得各种职业资格证书的教师一律认定为"双师型"是一种认识偏差，其误导作用不容小觑。

2. 理论型年轻教师急需转型

高学历的年轻教师理论素养好，经过短期培训之后，获取各类职业资格证书的难度并不大，但由于大学教育阶段的培养方式与职业教育的要求相去甚远，造成年轻教师对于生产第一线的实践经验缺乏，反映在教学上就是偏重理论知识的传授，专业实践教育不成体系，教学深度和效率相当欠缺。

广西壮族自治区中等职业学校教师主要来源于高等师范院校和非师范院校，或是从企业聘请的专、兼职专业技术人员，人们所接受的教育与训练并非是中等职业学校教师的专业教育与训练。教学能力较好的专业知识和实践能力不足；专业知识和能力较好的教学能力不足。很难有专业知识、专业能力、教学能力基本兼顾的教师。加上社会的变革是迅猛的，甚至是残酷的，学生的变换是频繁的，是不以人们的喜好而转移的，社会和学生总是以发展的观点和情况来要求中等职业学校教师。所以中等职业学校教师是需要发展的，不仅要成为"双师型"教师，而且应该是具有与时俱进和创新精神的智慧型教师。

第二节 中等职业学校教师做好个人专业发展规划的必要性

近年来，随着人们对中等职业教育的关注程度大幅度提升，中等职业教育质量的提高也日益成为社会关注的核心问题。中等职业教育质量的提升与中等职业学校师资质量息息相关，中等职业学校教师的专业发展无疑是提升师资水平的有效途径。教师专业化是指教师在整个专业生涯中，通过专业训练，习得教育专业知识技能并实施专业自主，是个人存在的意义和价值的证明。对职业学校而言，不同的工作岗位要求教师具有不同能力、不同素质道德，并逐步提高自身从教素质，成为一个良好的教育专业工作者。中等职业学校教师专业化发展直接关联到中等职业教育质量的提升及教师个人职业生涯发展规划等问题。如果没有高水平、专业化的师资队伍，中等职业教育质量的提升与可持续发展就成为无源之水、无本之木。因此，中等职业学校教师做好个人专业发展规划可以规划出适合自己的职业蓝图，也是职业教育取得成功的关键。

对此，不少学者和专家提出自己的建议和意见。有的专家认为，从德国的研究经验出发，可以通过以下方式进行教师个人专业发展规划：第一，强化企业职业实践的训练，熟悉并掌握相关的典型的职业工作任务和职业工作过程的经验知识；第二，强化职教理论的学习，掌握职业教育专业教学法；第三，强化职教教学效果，通过教学实践，促进教学行动能力的提高。也有人提出从获得工作现场经历，建立与教师之间的联结及参与专题讨论会三个方面来实现职业教育教师专业化。还有学者从理念、制度等方面探索并寻找教师专业化发展的方向，以培养教师成为研究型学者来引领职业学校教师专业化成长；提高教师的职业待遇和社会地位来激励教师专业化的自主性；以健全的法律、政策制度的完善保障职业学校教师专业化发展的稳定；把终身教育理念贯穿于职业学校教师专业化的始终。

一、中等职业学校教师终身学习的需要

教师专业化发展体现终身教育的要求。教育应当是个人一生中连续不断的学习过程，终身学习将成为一种不可阻挡的趋势。如今，网络时代使信息呈几何倍数增长，加快了人类知识的更替速度，新的学习理念被不断提出得到认可及应用，智慧学习、可持续学习、全民学习、包容性学习、联通学习、终身学习……总之，学习成为当今世界的主流，是各国学校教育改革的核心。中等职业学校专业课程的设置要满足社会的需要，这就意味着中等职业学校教师是一个需要终身学习的职业，时刻关注着本专业或相关专业最新的动态，包括新材料、新设备、新工艺、新方法、新技术等，然后再把这些教授给学生。知识的迅猛更新与老化促使教师不得不持续学习，这是教师职业的需要，也是教师个人专业发

展的需要。否则光凭过去所学的知识和经验，实在难以胜任目前的教学工作，必须不断进修，吸取各种经济、科技和教育等知识，扩大专业知识领域，提升专业能力，紧跟社会需求的步伐。终身学习、终身教育的理念越来越凸显其重要性和迫切性，中等职业学校教师受到这种理念的冲击，必然会感受到自己专业发展和职业生涯规划的重要性和必要性。

从某种角度说，学习已经成为每个现代人生存和发展的要素。作为一名教师，在专业成长的道路上学会学习尤为重要。因此，中等职业学校教师必须有自我发展需要和终身学习意识，做学习型教师。教师应该学会学习、与时俱进并养成苦耕不辍、终身学习的习惯。在工作的同时，进行大量自主学习以适应外部环境的不断变化，清晰地复现自己，做好个人专业发展规划，指引自己今后的发展方向和程度，跟上职业发展的需求，不断钻研业务，学习新的教育教学理论，研究教育教学规律，反思教育实践，提升教育理念和素养，提高专业教学水平。

二、中等职业学校教师自我发展与成长的需要

教师专业化发展首先是加速了教师个人的成长。教师发展的中心是教师的专业成长。这种专业成长是终身学习的过程，是不断解决问题的过程，是教师的职业理想、职业道德、职业情感、社会责任感不断成熟、不断反思自身行为、不断提升、不断创新的过程。为此，中等职业学校教师要做好个人专业发展规划，使自己在专业知识、专业技能和综合素养等方面得到整体提高，同时也为自己明确下一步发展目标，拓展教师自己的持续发展和成长道路。

由于过去缺乏教师专业发展的概念和意识，不少中等职业学校教师对自己要达到什么目标，通过几个阶段达到自己的目标，现在自己处于什么阶段等问题，并没有清楚的概念。有的教师甚至从来就没有考虑过这些问题。也没有将专业教学工作当作值得一生奉献的事业。这些行为往往表现在工作上就是听从学校的教学安排，以完成任务为目标，没有多少自己的追求，只要不被学生投诉就好；也没有考虑到今后的职称申报需要哪方面的专业要求，更没有制订个人长远的专业发展计划。结果往往是等到晋升或符合申报职称年限的时候，才发现自己很多方面都达

不到要求，个人专业方面尤其欠缺。比如没有撰写过与专业教学相关的教育教学论文，没有相关专业的技能比赛经历，没有学生职业技能比赛的指导工作，没有过到企业提高专业技能的实践等。

教师的专业发展离不开本人的努力和外部环境的协同作用。因此，中等职业学校教师个人专业发展要与学校发展紧密结合，应从"学校的发展与我无关，我只要上好自己的课，干好手中的活就行"转变为"我的个人发展会影响学校的发展，我的工作就是学校的工作"的观念，并对决定自己个人职业生涯的主客观因素进行分析、总结和测定，确定自己的个人专业发展目标，并为实现这个目标制订相应的工作、教育和培训的行动计划，对每一步骤的时间、顺序和方向做出合理的安排，以满足自我发展与成长的需要。

三、现代职业教育发展的需求

《培格曼最新国际教师百科全书》对于教师专业化进行了专门的论述："教师专业化是职业专业化的一种类型，是指教师个人成为教学专业的成员并且在教学中具有越来越成熟的作用这样一个转变过程。"根据现代职业教育对于职教师资所提出的要求，中等职业学校教师不仅应具备科学研究的能力，过硬的专业技术能力，同时，还必须掌握与工作过程、技术和职业发展相关的知识。

教师专业化理论的兴起，对于各个层级教育的教师都产生了广泛的影响。对于职业技术学校的教师而言，理论知识不再是绝对的法宝，教师的专业、职业技能往往更为重要。中等职业学校教师职业的专业化中"职业的"及"专业化"内容包括："必须有能力既可从教育者的角度对职业性的专业工作的对象及其内在联系进行开发，又可对实践者的非学科性的知识予以处置，使其结构化并给予其评价。"职业教育师资的任务，是使学生具备在企业从事技术工作必须具备的职业能力，职业教育师资的教学实践必须与不断变化的专业技术人员的职业实践相适应。因此，中等职业学校教师必须满足现代职业教育发展的需求，才能真正履行和实现教书育人的职责。

四、提升中等职业学校教师职业荣誉感的需求

教师发展的真正价值和意义就在于它是促进学生发展的真实和必要的条件。理想的教育是在师生共同的生活世界中教学相长，学生在教师的发展中成长，教师在学生的成长中发展。

职业学校的教师由于种种因素的影响，其压力普遍比其他学校老师的更大，尤其是职业发展方面的压力。由于缺少有意识的个人专业发展规划，中等职业学校教师发展到一定程度，教学水平和能力往往停留在发展高原期，没有成就感和发展感，很快就会出现职业的倦怠和退缩，即职业倦怠现象；加上中等职业学校教师在教育教学上的最终成果没办法像中小学那样根据学生成绩进行定量的衡量，教师的劳动成果主要体现在教学质量的改进或提高上。这些原因从某种程度上导致中等职业学校教师的职业荣誉感严重匮乏，只有当教师做出个性化的专业发展规划，看到自己的发展空间，充分发挥自己的潜力，才能缓解这种外在压力。只有教师提高自身专业化水平，更好地引导学生成长成才，使学生获得最大限度的发展，才能培养出高质量的学生，促进中等职业学校教师提升职业荣誉感和调动积极性，提升其职业荣誉感。

随着社会的变革与经济的发展，教育形势发生了根本变化。社会观念的更新、教育体制的变革给现在的教师提出了更多的要求和挑战。现代职业教育发展离不开教师的专业发展，教师的素质和能力往往决定一个人、一个国家的未来。实行教师专业发展是教育科学迅速发展的必然结果。为了克服职业倦怠，中等职业学校教师很有必要树立职业生涯规划的意识并掌握职业生涯规划的方法，真正把自己的职业生涯置于理性的思考上。这就需要中等职业学校教师深入了解教师职业生涯发展的历程，并通过个人专业化发展规划，顺利走上成功的职业生涯道路。

第三节　中等职业学校教师专业成长的路径选择

推动职业教育科学发展的一个核心要素就是提高教师队伍整体素质。中等职业教育内涵发展和教师素质是影响人才培养质量的关键因

素，也是职业学校竞争力的体现。因为教师不仅是学校内涵建设的主要实施者，更是内涵建设的思考者、研究者、探索者，同时还是内涵建设的主要载体。现代职业教育发展离不开教师的专业发展，只有提高教师的专业水平，才能实现课堂的高效，学生才能得到全面发展。因此，加强教师专业化水平建设，强化职业学校教师素质，是推动中等职业教育内涵建设的一项重要内容。

有学者从三个层面对教师专业知识提高策略进行了阐述。首先，国家层面，改革教师教育制度和建立中等职业学校教师专业标准和专业资格认证制度；其次，学校层面，建立教师培养与保障制度、管理制度和专业评价体系；最后，教师层面，加强专业认知和专业实践。

王鉴和徐立波侧重教师专业知识中实践知识的发展研究，提出教师专业知识发展的五大策略：投身日常教学实践、进行教学反思、参与校本研究、构建学习共同体和参加在职培训。有研究者概括出教师专业发展为三大途径：一靠自己，二靠同伴，三靠专家。因此，自主研修、同伴互助和专家引领已成为促进教师专业发展的三大策略。总之，促进教师成长的途径需要教师自身的规划和自主研修实践反思及与他人的合作和交流。只有提高中职教师的专业发展水平，才能提高人才培养质量，满足时代的要求。因此，提高中等职业学校教师的专业发展水平势在必行。

一、探索教师个人专业成长路径，促进专业化发展

个性化的中等职业学校教师专业发展就是指根据中等职业学校教师在专业发展目标和专业发展需要、优势、性格等方面的差异，对处于不同专业发展阶段、不同类别及作为个体的教师要采取不同的专业发展促进策略。

（一）更新教师自身观念，实现个人专业发展内生化

中等职业学校教师专业发展理念引领着教师个人专业发展的方向。作为中等职业学校教师，不能仅仅能够埋头干活，还要学会抬头看路。对职业教育，尤其是中等职业教育要有科学认识，有自己的长远规划，

要始终明确我们人生前进的方向和目标，才能够赢得成功的人生。中等职业学校教师的专业发展离不开本人的目标与努力。教师专业水平不仅指掌握的知识，也不仅指教学工作、课堂教学的水平，它包括教学工作、学生教育管理工作等的水平。不仅是知识水平、理论水平，更是在实际工作中所表现出来的教师的教育思想观念及方法、经验和技巧。因此，对中等职业学校教师而言，必须让自己充实知识，求取专业发展并献身职业教育工作。

中等职业学校教师的发展离不开内动力。在专业发展上，中等职业学校教师要根据自己的个性、价值观、教育观、思想方法等，更新自身观念，为自己正确定位，将专业发展的需要变成本人的内在需求，积极主动寻求专业发展的方法与途径。在知识经济时代与信息社会，教师是教育的思想者、研究者、实践者、创新者和需要不断发展的专业工作者。只有更新观念才能促使自身有所行动，有所进步。

（二）中等职业学校教师自主研修，夯实专业发展根本

中等职业学校教师应当首先成为终身学习的学生，起到带头作用，为学生树立良好的榜样。作为传播知识的使者，面对着知识的快速发展，科学技术的日益进步，必须时刻注意学习，才有发展机会。每位中等职业学校教师都要确立终身学习、全程学习、团体学习的观念。做到工作学习化、学习工作化。学习和研究职业教育规律，学习和研究国家和区域经济发展特点、教育结构调整的必要性，职业教育存在和发展的必要性；不断提高教师的职业教育理论水平，从源头上了解和明确中等职业学校学生的知识、技能和职业素养规格要求；从中等职业学校学生成长成才的角度审视自己的教学能力和专业技能差异，从而实现个人专业发展内生化。

（三）制订个人专业发展计划，塑造个性化品牌

中等职业学校教师应自己制订专业化发展计划，以研究的态度去实践。比如将目标定位为骨干教师或专业带头人，比如怎样做才算是一名合格或优秀的教师，如何才能成为真正的"双师型"教师或教学名师。还应研究如何促进自我发展与自我实现。要坚持终身学习，做学习型、

研究型教师；并对决定自己个人职业生涯的主客观因素进行分析、总结和测定，确定自己个人专业发展的目标，并为实现这个目标制订相应的工作、教育和培训的行动计划，对每一步骤的时间、顺序和方向做出合理的安排，以满足自我发展与成长的需要，激发教师自主发展的愿望与激情。在研究性的教育实践中，提升自己的教育教学能力，练就娴熟的教学技艺，形成适合自己个性特征的教学风格与模式，塑造教师个人专业化品牌。

（四）选择合适的专业发展途径，提高个人专业化水平

教师专业发展的方法与途径是多样化的，可以是教师自主发展学习，积极参加校内外中等职业学校教师专业研修培训，参加远程网络培训、接受继续教育培训，积极参与教师团队建设活动，到企业、工厂进行定期实践实训，促进个人的专业发展；也可以是通过指导学生参加专业技能大赛，或者参加教师教学技能大赛、信息化比赛等活动，以赛促学、以赛促教、以赛促发。中等职业学校教师主要应根据自身的实际情况，结合学校和社会的需求灵活选取合适的方式。通过实用的、有效的学习发展途径，努力夯实发展基础，提高个人专业化水平。

比如一名"双师型"教师要走的途径更多的是进入企事业单位进行专业实践、挂职锻炼及现场考察学习，获取专业实践技能与实践经历、实践经验，使自己有更多机会成为高水平的专业骨干教师或专业带头人，努力争取获得更多主持相关科研课题的机会。

（五）反思个人专业水平，实现专业发展持续化

在专业发展过程中，教师需要不断反思和提升。美国心理学家波斯纳提出"教师的成长＝经验＋反思"。教师成长实践的过程是充满困难与挫折的，所以要有坚持不懈的精神，在成长过程中不断吸取经验教学、不断反思、创新进取。一方面反思自己是否了解学校办学的理念，能否认真阅读相关专业的教育理论文章，独立撰写有水平的教育教学论文，能否完成教师角色转变；对学校建设能不能提出积极的、稳妥的建设性意见；另一方面则反思专业教学，分析教学现状，发现问题。在课堂教学中，教师既是实践者又是研究者，应学会批判地审视自己的教学

行为、教学方法、教学结果等，探索与解决自身与教学目标、教学对象等方面问题的解决方案，并进行实际验证。还应参加相关的教师专业发展培训，意识到个人专业存在的不足之处，为提高自身的素质和能力付诸行动。在实践过程中要不断研究，然后把研究的结论运用到教学实践中，通过不断反思提升自己的专业教学水平，实现教师专业发展的持续化。

二、加强中等职业学校教师专业化团队建设，夯实专业发展基础

教师是学校内涵建设的主要承载者和实施者。教师的专业成长离不开个人的努力和学校搭建的平台。学校要采用优化机制、搭建平台、荣誉鼓励等措施推进教师专业化发展，引导教师投身内涵建设工作，实现教师自主发展，优秀教师卓越发展，使教师可以体验职业成就感。

（一）学校完善机制，营造稳定有序的专业成长环境

从某种意义上说，具有教师发展功能的学校才是"真正的学校"，才能使所有参与在学校教育过程中的人都得到发展。因此，学校要通过完善各种管理机制，包括激励机制，营造稳定有序的工作环境和专业成长环境，使学校成为有利于教师发展的场所。

学校对教师专业化发展的思路要突出科学性、前瞻性、实效性，使教师的专业化发展站上一个新台阶，符合时代发展的新要求。例如学校管理制度的完善能够引导教师在学校各项工作中主动参与，多劳多得、优质优酬，在增长才干的同时增加教师的工资收入，提高其生活水平，更为教师进一步提高业务和专业水平提供便利。教师在成长过程中，会有来自客观情况的消极情绪的干扰，这种干扰更多来自其自身的惰性。因此，严格科学的规章制度会对这些消极情绪带来的不健康情绪产生约束力。合理的甚至严格的制度是必要的，也是必需的。

同时，学校根据依法治校、民主治校的原则，集思广益，研究和优化学校管理机制。例如学校通过多劳多得、奖勤罚懒、优质优酬的合理激励措施即可带动教师自主学习发展的积极性。又如在职称晋升、年度

考核、评优等多方面向成绩突出的专业教师倾斜以促进其发展。并逐步形成职称评聘、评先选优、名师工程、优秀专业（学科）带头人、校内专家顾问团等手段，为广大教师提供个体发展的时间与空间，创造和谐民主的环境氛围，搭建施展个人才能的舞台，给予教师职业成功感，做到用人所长，人尽其才，支持他们实现积极的人生价值。

（二）依托企业行业，加强"双师型"师资队伍技艺实践

目前国家对教育质量关注的焦点已经从改进学校的质量转移到改进教师的质量上。因此，提高职业学校教师专业化能力是当前学校改革发展的重中之重。具体的目标要求体现在，中等职业学校教师需要获得高等学历证明，具有一定的学科专业素养，熟练掌握专业技能，有较丰富的工作实践经验，能够获得中级以上的行业岗位资格证书，具备教育学相关素养，能够准确把握职业教育的特点及规律，并有较强的服务精神与职业道德等，即培养真正意义上的"双师型"教师。"双师型"教师的比例是考量中等职业学校师资队伍建设的重要参考指标。

职业学校区别于普通学校的一个显著特征就是发展"双师型"教师队伍，提高教师专业水平和职业技能。推进"双师型"教师队伍建设，是提高中等职业教育质量的重要措施。由于目前双师型教师队伍力量还是相对薄弱，学校需要重视对教师的在职培训，按照学校的发展计划，组织有序的培训。明确学校培养要求，形成比较详细的整体培养计划。学校要引导教师树立从传统型教师向"双师型"教师转变的思想观念。通过社会聘任、校内外培训、资格认定等措施，提高"双师型"教师队伍的比例。

同时，要依托企业行业，通过派中等职业学校教师进企业实践锻炼，了解行业、研究行业、学习训练行业技术技能，学习新技术，达到提高技术技能水平的目的。派专业骨干教师参加行业协会，使其参与行业生产经营协作、技术革新项目开发、产业转型升级研讨等活动，有利于掌握行业发展动向，把握行业前沿的技术标准，提升教师在行业中的话语权。通过提高"双师型"教师的实际技能水平，从"双证型"教师数量达标，转变到具有扎实的实践技能的"双师型"教师的质量要

求上来，切实解决中等职业学校教师生产实践经验少，实际操作技能低等问题。结合职业学校校情，把教育规律同经济规律有机地融合起来，探索教育经济一体化的道路，抓住各个具体的教育教学环节，走出一条促进教师专业化成长的新路。

（三）加强效果评价和反馈，提高教师团队培养的目标管理效能

雅克·德洛尔在《教育——财富蕴藏其中》中提到，"做好教学工作，教师不仅需要丰富的经验，还需要外界的支持。除硬件教学设备的支持外，还需要一种考评机制作为评价和激励措施。"促进教师的专业成长是学校的责任。在培养模式、考核机制、激励机制等方面，应该明确学校在推进教师专业化进程中的重要职责，为教师提供更多完善自我、培训提高的机会，调整和提高教师的智力结构，对业务知识、职业情感、教学技能三大智力结构要素有针对性进行同步培养，制订完善评价与反馈体系，加强教师专业成长效果评价与反馈。能够通过评价和反馈，反映其教师自身的专业发展路径，检验自身专业知识与技能，总结专业成长规律，积极促进自身的发展。

（四）拓宽教师培训渠道，实施分层和多元化培养

以往的中等职业学校教师培训一般是以培训机构和学校为基础的，相对比较封闭，开放度有限，因此，教师的眼界不够开阔，缺少新鲜的刺激，很难引起观念的变革。针对中等职业学校教师结构分布不合理的状况，学校一定要拓宽教师培训渠道，将所有培训模式有机地结合起来，发挥培训的最大效率，促进教师的专业发展。比如有部分专业课教师是原来的在校生留校转变而来的，这部分人没有进入企业实际工作过，也没有到高等学校进行深造学习，其专业理念和技术能力都极不成熟。这些教师不但需要教育教学理论和技能方面的培训，还需要通识知识，专业知识和职业技能等方方面面的学习培训，这就需要学校拓宽教师的学习培训渠道，引导教师参加切实可行的培训活动。

针对新任教师需要加强教育实践能力和专业技能的培养，学校可以采取"师徒结对"的老带新方式，明确学习内容、任务及双方职责，给指导教师和新任教师提供便利条件，认真落实做好教育教学工作

"传、帮、带"。学校还可以采用分散研修的培训方式，将新任教师推进到企业或生产服务一线实践，跟踪生产服务一线技术的发展，切实提高教师的实践教学能力。

着眼于全体教师的专业化成长，规范建立更为科学、高效的制度与准则，设计合理的培养方案，通过在职继续学习实现教师的多元化培养，各个层次的教师都有培训机会，促使教师对专业理论知识有系统性认识，拓宽自己的专业领域，提高专业发展水平。实践证明，拓宽教师的培训渠道，实施分层和多元化培养，将各种培训模式有机地结合起来，才是实现教师专业发展的最佳途径。

同时，依托学校网站平台，对名师丰富的教学经验、科研成果、师德风范等进行有序梳理并集中展示，凭借"名师"品牌力量，借助网络的开放性、灵活性和互动性特征，有主题地宣传职业教育理念、教育教学改革的理论研究与实践探索，强化"名师"导向和凝聚作用，构建知识与技能的共享机制，逐步扩展成学习实践共同体，既有利于专业人才培养质量的提升，又有助于促进名师与同行本专业教师、与社会大众之间的共同学习、共同进步，进一步彰显职业教育教学研究服务师生发展、服务社会经济的效益。

（五）以赛促研、以赛促教，有效推动专业团队成长

近年来，在普通教育和职业教育中流行着一句"普通教育有高考，职业教育有竞赛"。高考考的是考生的基础文化水平，而职业技能比赛比的是选手的技能水平。各级技能竞赛都充分展示了职业教育教学改革的丰硕成果，凸显了近年来职业教育大力推进工学结合、校企合作的人才培养模式，加强了技能型人才的培养优势，促进了职业教学与生产实际、社会需求的紧密结合。这说明职业技能比赛在培养人才、建设教师队伍、改革课程内容、创建训练基地等方面都起到了十分关键的作用。在中职院校实施课程改革、人才培养，建设教学队伍、搭建实训基地等方面，技能比赛都有着不可或缺的作用。这些比赛必将对职业学校的教学理念、教学内容和教学模式产生深远的影响，同时也给现代中等职业学校教学提出了新的改革方向。因此，通过"以赛促研、以赛促教"

思路的探索，同样能够有效推动教师专业团队的成长。

利用技能比赛将职业需求、社会所需和课堂教学结合起来，以点带面，把学生的主动性和积极性调动起来，激发学生的学习兴趣，设法让学生通过运用职场知识和提高技能水平，为实习、求职和就业打下坚实的基础。同时技能比赛可以促进教学改革的深化，不断完善教学思路，改变教学方法，不断更新教育理念，用先进的教育理念和方法指导教学并调整课堂结构。在注重知识的同时，更注重能力的培养，如培养学生的创新意识和能力，培养学生应对社会的职场能力。

对于师资队伍而言，其实践水平及专业能力对职业的教学质量起着重要作用。为了更好地配合赛事的进行，学校应该成立教师指导团队，要求指导教师依据职业技能比赛的标准及内容实施教学改革，更新指导方式方法和内容，探索教学模式，进而激发学生的学习积极性，帮助其完善自身成长。参加比赛汲取技能比赛内容和标准，深入研究职业教育、社会职场对专业教学的要求，及时对原来的教学内容和实训项目进行改造，可以使课程教学内容和实际需求紧密结合。比赛促使教师必须在教学中更加注重教学的实用性和前沿性，加强职场知识的运用，培养学生的创新能力、团队合作能力及现场表现力等。在考试模式上，尝试在专业课程考核中引入技能内容成绩，把赛事贯穿到专业课程教学中，真正实现"以赛促学、以赛促教"的理念。通过自身参与比赛或指导学生参与比赛，明确自身存在的不足，不断进行改进，利用技能比赛，推动实训基地的创建与发展，提高教师队伍的建设水平，促进教学改革的深化，增进院校沟通，从而促进学校的内涵建设，提高教师的综合素养。

同时，职业技能比赛为中等职业学校搭建了同企业沟通、合作的平台，为教师队伍搭建了发展自身的平台，为中等职业学校学生搭建了展示自身的平台。技能比赛能够增进各地参赛选手、指导老师、学校之间的沟通与交流，互相取长补短。中等职业学校的教师能够借助比赛，了解自身的专业能力水平，不断进行改进，冲破教学瓶颈，真正起到"以赛促教、以赛促研"的作用，有效推动教师专业团队的成长。

（六）名师培养工程，打造职业教育领军人物

2008 年以来，随着职业教育攻坚计划的实施和国家民族地区职业教育综合改革试验区建设的推进，广西壮族自治区职业教育基础条件显著改善，办学规模不断扩大，办学质量明显提高，职业教育整体面貌发生了翻天覆地的变化。然而，广西壮族自治区中等职业学校"双师型"教师和兼职教师比例偏低，教师实践和教学能力不足，与快速发展的职业教育规模不相适应。为探索一种适应中等职业教育发展规律的师资培养方式，解决"师资"这一制约广西壮族自治区中等职业教育发展的瓶颈问题，2010年开始，广西壮族自治区中等职业学校第一期名师培养工程应运而生。通过公开教学、组织研讨、现场指导、专题讲座、课题研究、公开课讲评、观摩考察等形式对学员进行培训，促进中青年教师的专业成长及名师自我提升，打造区域内的高层次教师团队，带动区域内教师队伍整体素质和育人能力的提升。至今，广西壮族自治区已经培养了两期名师共150名。

为充分利用我区职业教育优质教师资源，扩大职业教育优质教师培训资源受益面，提高全区职业教育教师教育教学水平，2014年4月至2017年11月，广西壮族自治区教育厅组织开展广西壮族自治区中等职业学校名师培养工程示范教学及区域辐射活动。通过广西中等职业学校名师培养工程学员组建的名师工作坊，以学员所在学校为基础，开展示范教学与研讨活动。并辐射区域内其他中等职业学校。全区首批20个名师工作坊先后共开展名师示范教学研讨课巡讲近50场，活动范围遍及全区地市级和县级职业学校，名师教学示范巡讲在我区职业院校中引起了巨大反响，效果显著。

建设一支师德高尚、业务精湛、技能过硬、爱岗敬业、结构合理的专业教师团队是办好中等职业学校的关键。教师不仅是学校内涵建设的主要实施者，更是学校内涵建设的思考者、研究者、探索者，也是内涵建设的主要载体。中等职业学校培养和造就这样一群教师的过程，就是内涵建设的过程。只有不断提高专业教师的水平，中等职业学校内涵建设才能取得实效。总而言之，我国教师专业发展仍处于起步阶段，需要进行长时间的探索与实践。

第六章 建设中等职业学校中职名师工作坊铸就专业品牌特色

第一节　名师工作坊建设的必要性

一、名师工作坊的内涵与目标

名师，顾名思义就是出名的教师，即在社会上有一定知名度的得到同行广泛认可的教师。教育行政部门的文件把名师界定为四句话："名师是师德的表率、育人的模范、教学的专家、科研的能手。"名师要具备良好的职业道德，具备很强的育人能力、教学能力、科研能力，并在教育界获得荣誉称号的教师。通俗地说，名师就是"学生最喜爱、家长最放心、同行最佩服、社会最敬重"的教师。

工作坊（Workshop）一词最早出现在教育与心理学的研究领域之中。20世纪60年代，美国的劳伦斯·哈普林（Lawence Harplin）将"工作坊"的概念引入都市计划中，使之成为可以提供各种不同立场、族群的人们思考、探讨、相互交流的一种方式，甚至在争论都市计划或是对社区环境议题讨论时，成为一种鼓励参与、创新，以及找出解决对策的手法。基于教师专业成长社区，以"网络聚集"为基本方式，形成有一定凝聚力和灵活性的学术交流群，就是名师工作坊。名师工作坊首先是一个网络联系密切，形成研究共同取向，由专家教师领衔的组织团队，此外也注意在线下的实际活动交流。"名师工作坊"本质上是以名师为领衔人，由一批有理想、有追求的骨干教师组成的有共同愿景和目标的团队，是培养一批又一批新名师的重要平台，也是推动区域教师专业成长的重要载体。

目前，许多学校对名师的确定主要围绕在教育教学科研等方面。但是作为职业学校的名师，不能忽略其在行业企业中的地位。职业学校的名师不仅是教育环境下的名师，还应在行业企业里具有一定的学术影响力，以实现职业教育产教研的目的。因此，在中等职业学校名师工作坊的建设过程中，各个职业院校需要根据学校和专业特色来明确名师工作坊的建设目标。既要有长期的目标定位，也要有短期的目标制订。例如，目标可以定位于助推一线教科研活动，引领广大教师专业化团队化发展，形成良好的科研生态、课程改革、技能交流、校企合作等，铸造专业品牌特色，凸显名师工作坊为职业教育服务的作用。

二、名师工作坊是教育发展的必然产物

名师工作坊最初源于艺术创作和新秀的培养，20世纪80年代以后，名师工作坊模式在高校教师培养中产生了比较好的效果，后来逐渐延伸到基础教育和职业教育。随着上海、江苏、山东、福建、安徽、河北等地教育行政部门相继出台《名师工作坊发展、建设与管理的办法（试行）》等文件，全国其他省市许多教育行政部门和学校也都纷纷建设名师工作坊，意图为名师创造更好的工作环境，吸引年轻教师参与教研活动、项目研究、高水平公开课，以名师带动教师队伍建设，对新教师悉心指点，使其获得迅速成长的机会。

职业院校在经过国家示范学校建设之后，师资队伍建设正在进入一个更加注重内涵发展的新时期，创新人才的培养对教师队伍素质提出了更高的要求。随着教育改革的深入，名师工作坊已成为促进教师发展、培养优秀教师的重要形式。培养越来越多的名师，逐步实现教育家办学，推动教育又好又快的发展是当今职业教育义不容辞的责任。职业教育教学单位必须把提高教师队伍整体素质作为办好人民满意教育的重要

抓手，切实发挥现有名师的辐射带动作用，把建立中等职业学校名师工作坊作为全面提升教师队伍整体素质的有效途径，切实发挥好名师的传、帮、带作用，快速引领中等职业学校教师队伍素质的整体提升。并在"互联网＋"思维的引导下，为快速适应社会发展，更好地发挥特级教师、骨干教师的示范、辐射、引领作用，促进和帮扶所有教师适应在互联网思维下的教育教学变革，实现优质教育资源共享，推动中等职业教育健康、均衡发展而努力。

三、建设名师工作坊的必要性

教师不仅是学校内涵建设的主要实施者，更是内涵建设的思考者、研究者、探索者，同时还是内涵建设的主要载体。名师工作坊研修是教师专业成长的有效途径之一。教师的成长要经过新入职教师、青年教师、普通教师、优秀教师、名师的过程。名师工作坊对教师专业成长和专业素养全面提升起着助推作用。优秀教师的专业成长和成名离不开"名师"的引领，教育教学改革需要"名师"这个宝贵资源群体的推进作用。中等职业学校培养和造就教师的过程，就是内涵建设的过程，只有不断提高教师水平，中等职业学校内涵建设才能取得实效。名师工作坊以名师为领跑者，以学科为纽带，以先进的教育思想为指导，旨在搭建促进中青年教师专业成长及名师自我提升的平台，打造区域内高层次的教师团队，带动区域内教师队伍整体素质和育人能力的提升。名师工作坊的建设已经成为推进职业学校专业建设和课程改革进程、促进广大教师专业成长与发展的重要平台。

因此，名师工作坊在教师专业素养的提升方面进行着积极的探索和尝试，如听专家讲座、成员定期接受专题学习培训，指导成员多参加一课一名师等优课比赛，参加教师技能比赛，信息化教学大赛及提高教师专业水平的各类培训等活动。这对青年教师的专业成长将起到有效的推动作用，这些都将成为促进教师队伍建设和专业发展的新手段。由此可见，中等职业学校十分有必要建立名师工作坊。

四、名师工作坊的意义与作用

各地教育行政部门通过多种工作模式，相关经费和政策的扶持，为名师建立工作坊；引导名师充分利用信息技术和制度化的组织方式，建立远程学习平台，组织团队攻关，跨校、跨区协作等。有效发挥了名师的领头雁作用，促进和带动了一大批青年教师的专业成长，从而起到了推动教育均衡发展、推动教学健康发展和成就学生终身发展的重要作用。

实践证明，在新的形势下，利用名教示范作用引领优秀教师队伍发展，对于改善教师成长环境，建立有效的教研机制具有十分积极的意义。名师工作坊的成立，既拓展了名师的影响力，也为青年教师的成长搭建起了重要的平台。充分发挥了名师的示范、辐射和指导作用，实现了资源共享、智慧生成、全员提升的目的，培养了一批师德高尚、造诣深厚、业务精湛的教师。

第二节　广西中等职业学校名师工作坊建设探索

一、广西中等职业学校名师工作坊启动

名师工作坊是一种基于学术思想和优秀教育教学经验传播的设计，强调专家和名师专业引领作用的发挥。2008 年以来，随着职教攻坚计划的实施和国家民族地区职业教育综合改革试验区建设的推进，广西壮族自治区职业教育基础条件显著改善，办学规模不断扩大，办学质量明显提高。职业教育整体面貌发生了翻天覆地的变化。然而，广西壮族自治区中等职业学校"双师型"教师和兼职教师比例偏低，教师实践教学能力不足，与快速发展的职业教育规模不相适应。为探索一种适应中等职业教育发展规律的师资培养方式，为加强我区中等职业学校骨干教师队伍建设，更好地发挥中等职业学校特级教师和名师的示范、引领和辐射作用，促进教师共同发展，实现优质教育资源共享，提升我区中等职业学校整体办学水平，解决"师资"这一制约广西中等职业教育发展的瓶颈问题，广西中等职业学校名师培养工程应运而生。

自 2015 年起，我区启动了广西中等职业学校第一批名师工作坊（以下简称"工作坊"）的遴选与建设工作。经过各市和各区中等职业

学校的选拔推荐，教育厅组织专家审评，遴选和确定了首批 20 个重点建设的广西中等职业学校名师工作坊。2015 年 12 月，广西壮族自治区教育厅下发《关于公布广西中等职业学校名师工作坊建设名单的通知》（桂教师范〔2015〕59 号）和《关于开展广西中等职业学校名师工作坊坊主第一次集中培训的通知》（桂教办〔2015〕701 号）。由属于全国重点建设职业教育师资培养培训基地、广西中等职业教育师资培养培训基地的广西师范大学职业技术师范学院组织国内专家对 20 个工作坊坊主进行了培训，并就工作坊的建设展开了第一次讨论，达成了共识。

名师工作坊是团队合作的场所，是学习的课堂和展示的舞台，是促进团队成员，尤其是承担引领任务的教师专业成长的摇篮。作为广西壮族自治区中等职业学校的首批名师工作坊，其担负着建立教育新型的学习共同体、培养骨干教师，有效提升中等职业学校教师教育教学质量的使命。广西壮族自治区中等职业学校名师工作坊主要是以中等职业学校特级教师和广西壮族自治区中等职业学校名师工程学员为核心，吸引其他教师加入而组成的高端教师继续教育新兴学习共同体，主要职能以学习研究为主题，以培养骨干教师为主导，以提高教育教学质量水平、教学研究交流平台和研修共同体为责任。工作坊的建设，将为广西壮族自治区中等职业教育发展及教师培养提供强有力的政策与实践支持。

二、名师工作坊的管理与运作机制

名师工作坊是一种基于学术思想和优秀教育教学经验传播的设计，强调专家和名师专业引领作用的发挥。这与体现行政管理的思维方法有所差异，即可以作为教育行政推进教学改革的有益补充。名师工作坊因为定位在支持教师专业成长，是为其获得专业上的交流提供平台并满足其在职业发展上的认同需要，所以可以获得教师的响应，是较为有效影响教师行为的组织方式。从现实教学管理中应用的"名师工作坊"机制的运行看，这个机制是否发挥作用，与三个因素直接相关。一是行政支持力度如何，如给予人力和财力的扶持；二是领衔教师是不是有一定的号召力，并且需要投入更多关注；三是兼职活动与本职工作怎样协调。应该看到，一批名师工作坊在实际教学研究中有广泛的辐射力，另外一些就比较沉寂。这说明关于这个机制的运行还缺乏必要的管理。若开拓和繁荣教师专业成长社区，激活或再建一批名师工作坊，则需要在深化管理上有所动作和举措。

名师工作坊在建设过程中也面临着持续发展、行政支持、技术服务、经费投入和考核评估等几个方面的深化拓展。为了适应广西壮族自治区中等职业教育发展的需要，规范和加强工作坊项目管理，有效推动每个名师工作坊的可持续发展，进一步加快我区职业教育现代化进程，充分发挥名师在中等职业学校教师专业成长中的示范引领和辐射带动作用，切实做好广西壮族自治区中等职业学校名师工作坊建设的管理工作，广西壮族自治区教育厅特组织专业人员在系统调研和广泛征集意见的基础上，制订了《广西中等职业学校名师工作坊管理办法》，加强了职业教育名师工作坊建设的主要管理措施。管理办法制订了从名师工作坊建设周期到坊主、导师和坊员组成。名师工作坊主要承担教师培训、教改研究、课程建设、教学示范、技术传承、工艺创新、帮扶辐射等职责，同时应完成教学指导、课题研究、网络研修、特色创新、活动经费、动态考核管理制度等内容条例。

具体管理与运作机制主要包括名师工作坊管理制度、保障制度、例会制度、工作制度、考核制度、出勤制度、档案管理制度等，同时每个名师工作坊都必须制订名师工作坊的整体发展规划、运作方案、年度工作计划，编制工作经费预算并做好对成员背景、过程性资料和物化成果的建档管理，每季度出一期名师工作坊建设简报，做好名师工作坊的年度工作总结并及时报送上级主管项目办公室。

三、广西中等职业学校名师工作坊实践探索

广西壮族自治区教育厅加强中等职业学校名师工作坊规范化建设的过程管理，强化监督功能，优化评价体系。加大对名师专业研究规律和特点的研究，力求探索出适合我区工作坊发展的有特色的运作模式，发挥"引领、示范、带动、促进"作用，实现名师工作坊教育资源的共享；名师工作坊所属的各级教育部门和学校积极配合、参与名师工作坊的建设与管理工作，切实加强对名师工作坊专业研修活动的指导，充分

互动交流，提高教研实效，使名师研修活动得到有效引领，逐步形成"政策主导、名师引领、团队协作、共同成长"的教师发展机制。

已经获批的 20 个广西中等职业学校名师工作坊要根据《关于贯彻国家中长期人才发展规划纲要（2010—2020 年）的实施意见》《广西壮族自治区中等职业学校名师工作坊建设管理办法》（桂教规范〔2016〕10 号），结合我区中等职业教育现状，加强和改进中等职业学校专业教学和德育研究工作，进一步增强中等职业学校教育的针对性、实效性和时代感。为了充分发挥名师工作的专业引领、带动、辐射作用，加速教师专业化发展，提高教书育人水平，逐步把名师工作坊办成优秀教师成长的摇篮，各名师工作坊要制订各自的运作与管理机制。从指导思想、发展目标、名师工作坊成员的组成，名师工作坊主要承担的任务，到名师工作坊经费实行专款专用，都要严格按照《广西壮族自治区中等职业学校名师工作坊建设管理办法》执行，并通过建立健全的管理与运作机制，规范、引导、促进名师工作坊的健康和可持续性发展。

根据职业教育教师的成长规律和广西壮族自治区中等职业教育专业特点，获批的中等职业学校名师工作坊都建立了运行机制，实施名师工作坊坊主负责制，以专业优势为依托，以课堂教学为抓手，以"双师型"教师培养为重点，充分发挥名师的辐射作用，创造优秀教师团队，提高中等职业学校教师整体素质。

以下以获得广西壮族自治区首批 20 个重点建设的广西壮族自治区中等职业学校名师工作坊之一的"同路人"名师工作坊为例进行说明。

"同路人"名师工作坊坊主是广西商业学校吕志宁老师。同时吕老师还是广西壮族自治区职教名师和广西壮族自治区特级教师。"同路人"名师工作坊根据坊主和坊员所在学校的实际情况，站在信息技术专业教学科研的前沿，加强校企合作，促进专业建设，培养优秀的中等职业人才，服务区域经济，制订了"四个一"目标，即建立一个信息化教学设计、制作的师资培训中心；培养一批储备专业带头人；培育一批教学新秀；打造一支电商对外服务团队。工作坊的具体工作措施与实践如下：

（一）建立一个信息化教学设计、制作的师资培训中心

在广西商业学校的大力支持下，2016 年 5 月"同路人"名师工作坊在学校挂牌成立信息化教学设计、制作师资培训中心，组建"H5"微传单制作与研发团队、教学 PPT 制作研讨团队、微课设计与制作团队等功能不同的教师技能团队。该中心充分发挥学校网站平台，实施资源共享。同时注册微信公众号，建立公众号的目录框架，发布信息，对外交流。不断创造和转发一些新颖的职教观点和教学资源共享，产生有价值的流量传递，成为相互学习、交流互动的"口袋里的教师基地"。

名师工作坊依托师资培训中心，多维度开展工作，定期展示并研讨。团队成员每月采取专题学习、实践交流、观摩研讨、专题论坛、案例分析、成果展演、网上交流等多种形式定期集中交流一次。名师工作坊借助网络的开放性、灵活性和互动性特征有主题地宣传职业教育理念、教育教学改革的理论研究与实践探索，并着重进行教师信息化教学设计、制作训练和交流，为教师设计和制作信息化教学素材，辅导教师参加信息化教学比赛。

名师工作坊自成立起到 2018 年的三年时间里，凭借"名师"品牌力量，积极开展技能大赛相关工作的研究，不断探讨、优化技能大赛指导、训练方法，提高效率，力争在各个竞赛项目上取得优异成绩，并以此促使教师"以赛促教、以赛促研"活动的健康发展。工作坊充分发挥师资培训中心的作用，先后组织专家、参赛团队指导为学校参加信息化教学比赛和教师技能比赛的教师进行辅导、点评及技术支持，为他们提供了坚强温暖的后盾。

（二）培养一批储备专业带头人，发挥辐射作用

名师工作坊的研究工作应以自主与合作、对话与交流、示范与引领、研究与反思、总结与提升为形式，集中全体成员的群体智慧，通过名师工作坊的平台，引导教师"在合作研究中成长、在自我反思中提升、在互动交流中丰富"，形成教学相长、互促共赢的良好发展局面，使全体成员具有更专业的信念、更专业的知识、更专业的能力，从而推动教育教学质量的提高。

为了强化梯队建设，建设优秀团队，"同路人"名师工作坊以开放的姿态吸纳成员，形成人才高地。在工作中应尽可能明确师徒关系，形成帮扶梯队，推广团队科研成果，加强各工作坊之间的横向联系，着力于提升学校师资队伍的整体实力。广西商业学校的市场营销、电子商务、会计、中餐烹饪作为国家级示范专业，专业建设必须有人才梯队，因此，"同路人"名师工作坊身兼重任，将从这四大专业中选拔10名青年骨干教师，作为储备专业带头人，帮助教师在各自专业化发展的道路上都有提升的空间和可能，逐步形成"骨干教师—专业带头人—教学名师"的教师梯队，同时打造电商专业品牌效应。

名师工作坊制订了专业带头人培养对象3年目标，即学历与职称、教学与管理能力、业务实践能力、科研能力、指导新教师能力等。同时建立专业带头人和培养对象业务档案，设立《教师成长手册》，跟踪培养对象的发展情况。名师工作坊对专业带头人培养对象进行严格管理，制订个人受训计划。与此同时，通过引进专家讲学与指导、外派国内外的学习、有计划带课题到知名企业研修实践锻炼等措施，积极为专业带头人和培养对象"充电"。

名师工作坊对专业带头人培养对象适时加压工作担子，各级各类公开课、评优课、技能比赛等要让他们当主角，促使其沿着教学能手、学科带头人、名教师的轨迹发展。同时专业带头人培养对象必须参加专业课程计划的制订和实验室及实训基地建设，且要完成从方案设计和论证、设备选型到施工组织的检查验收工作。既可达到理论联系实际、用实践来检验修正理论的目的，同时也能锻炼教师的组织能力、实践能力、分析和解决问题能力。工作坊以名师为核心，加大对专业教师的培养力度，不断提高教学水平和质量，努力使其专业向更高层次发展，使名师工作坊真正成为专业教师不断成长的良好平台。

（三）培育一批教学新秀，助推专业教师成长

课程教学改革是教师成长的重要手段。首先，"同路人"名师工作坊的首要工作就是开展课程教学改革。名师成员集中培养对象开展面对面的课程教学改革，上公开示范课、开展教学专题讲座、点评培养对象

的教学公开课。其次，立足于课堂教学情境，对培养对象实施课堂教学诊断。名师工作坊成员将备课、上课、说课、听课、评课等教研活动与教师专业技能基本功比赛、信息化教学大赛结合起来，以集体备课、同课异构等形式展开，分析课堂教学的整个过程，包括教学组织形式、教学方法、教学语言与板书设计、学生的表现、教学目标的完成情况等环节，引导培养对象对教材、学生、教学方法等方面的深入研究，营造教学研究氛围，在解决和分析具体教学问题的过程中提高教师自身的专业能力。

名师工作坊应立足课堂，努力实践教育教学改革。名师工作坊成员应持有终身学习的思想来加强教育教学理论的学习，不断夯实教育理论基础，丰富自己的理论修养，传递先进教育理念，实现自我评价、自我调控、自主发展，通过多种形式的校本研究活动，如成员间的相互听课、评课等，不断实践反思、内化和提升；同时，名师工作坊要以项目载体为导向，以任务驱动为形式，紧密围绕学校中心工作，挖掘全体成员的潜力，积极参与专业建设和课程改革，诱发、加强教师的成就动机，不断在"学中做、做中学"。

为此，"同路人"名师工作坊利用榜样示范，紧紧围绕教育思想的形成、教育理念的更新、教育理性的提升，落实"学习、实践、反思、积累、研究"等行为，引领成员研讨解决教育教学中的实际问题，为教师的专业发展搭建新平台。研究制订教师专业发展和教学新秀的培养目标，即学历与职称、教学能力、业务实践能力、信息化教学能力、科研能力、班级管理能力。工作坊积极开展各类教研、科研活动，进行教师专业化发展的培训。以工作坊名师及成员为骨干力量，组织并带动教师开展各类课题研究、学术讨论与交流，提高教师论文撰写的水平与质量，推动全校教育教学科研水平不断提高。同时在校内开展新老带头人一对一的"师徒结对"跟踪培养带教活动。以课堂为载体，开展"传、帮、带"活动，抓好带教，促使培养对象迅速成长，让培养对象逐步形成自身的教学特色和风格，提高培养对象的专业水平，成为教学新秀，助推其专业成长。"师徒结对"跟踪培养活动主要有指导教师从业务学习、备课、上课、辅导学生、考试、反思等各个环节精心指导新教师并在《新教师成长手册》上对新教师的工作进行评价，每学期对新教师成长的各方面进行总结，切实提高新教师的业务水平；指导新教师利用课余时间自学，采取多种形式和途径学习教育教学理论知识，学习新课程标准理念、教材教法、教育技能，提高自身业务能力；指导新教师参加教育教学实践（包括观摩学习、上公开课、说课、编写教案、编制试卷、教学基本功训练、教育技术能力训练、写教学论文、写教学反思和教学心得等）。

（四）打造电商专业对外服务教师团队，成为社会发展的服务器

社会服务实践是名师培养和名师成长的重要摇篮。名师工作坊的建设还要与社会紧密联系，走进社会、服务社会并得到社会的认可和支持。因此，"同路人"名师工作坊注重强化服务意识，依托专业优势，适时拓展工作坊的服务功能，结合创业教育和创新教育，利用专业优势开展面向社会的专项服务，工作坊成员共同努力打造一支电商教师对外服务团队，为当地农村电商建设提供技术技能培训等服务，既积累实践经验，掌握科研课题所需资料，又聚集行业企业资源，得到社会的广泛支持，从而提升工作坊的影响力及对周边地区的辐射功能。

"同路人"名师工作坊首先申报柳州市电子商务培训机构，成为农村电商的助推者；然后组织学校 12 名电子商务教师参加由商务厅组织的广西电子商务讲师团成员选拔，通过的教师将接受全国电商专家的培训，参与农村电商课程的开发，并有机会到全国各地参与农村电商的培训工作。电商专业对外服务教师团队开发适合当地的电子商务培训课程，内容大致包括电商理念普及、电商基础系列、网络开店系列、微店运作的系列初、中级电商课程系列。

校企合作是提高中等职业教育人才培养质量的重要途径，校企合作项目则是名师培养和名师成长的重要外部环境。"同路人"名师工作坊注重与企业多方合作，教学内容设计与职业岗位紧密衔接，打造优秀教师团队，为企业提供员工培训服务，实现校企双赢。例如团队成员参与集桂好科技有限公司的运营，锻炼师资队伍。近两年来这支电商专业对外服务教师团队代表区商务厅在柳州、荔浦、桂平、巴马、凤山、鹿寨、柳城、金秀等地进行"电商进农村"多个专题的培训。在工作坊骨干教师的带领下，电商专业对外服务教师团队带着主动学习的态度，从真实的体验中提升自己，成为一支"能征善战"的电商团队，促进课堂教学，扎实开展教学研讨和课题研究，主动服务社会和企业。

广西商业学校 O2O 电商创业基地中，电商教师团队注册的集桂好科技有限公司已经是一家正在运营的电商企业，以在淘宝上销售广西名优特产为主。现在公司的运营正处于成长期，在工作坊骨干教师的带领下，公司的运营需要教师们的加入和参与，在真实的体验中提升自己，促进课堂教学。教师团队参与集桂好科技有限公司的运营，可以锻炼师资队伍。

"同路人"名师工作坊依托学校电子商务专业的优势，根据广西壮族自治区商务厅电商处的要求，结合讲师团参加全区电商培训师岗前培训的内容，在2016年5月至2018年12月，为广西壮族自治区各个县级区域进行电商管理普及培训了以下主要内容：①农村电商建设的标准化及其政策解读；②农村电子商务发展的现状及前景；③基于农产品上行的县域农村电商顶层设计；④县域经济服务体系顶层设计；⑤生鲜O2O 模式解析。

（五）已取得的阶段性成果

经过近两年时间的探索实践，"同路人"名师工作坊工作的实施取得了一定成效。阶段性成果主要归纳如下：已经建立起一支由行业专家、校内教学骨干组成的工作坊团队；成立学校教师发展中心，成为学校教师发展的规划、培训、孵化、管理的部门；2016年11月，依托学校的《职业院校"双师型"教师队伍建设研究》的课题申报，工作坊承担广西壮族自治区职业教育教学改革重大课题建设《"双师型"教师培养教学平台建设研究》子课题研究，获准成为2016年广西壮族自治区职业教育教学改革重大招标课题，项目研究工作在开展进行中；成立建立信息化教学设计、制作的师资培训中心；学校已经投资20万元，建立名师工作坊，建设一个使用面积为50平方米的训练教室，专门进行教师信息化教学设计、制作训练和交流、专门帮助教师制作微课和信息化教学设计，走向全区和全国赛场。2016 年 6 月组建成功能不同的教师技能团队 3 个；2016 年 5 月，注册"同路人"微信公众号，打造"口袋里的教师基地"；组织和辅导坊员及本校教师在 2016—2018 年参加全区职业院校信息化教学大赛，共获得一等奖 8 个、二等奖 10 个、三等奖 6 个，组织和辅导坊员及本校教师参加全区、全国的"创新杯"职业教育教学设计比赛，共获得广西壮族自治区组一等奖 5 个和二等奖 6 个；代表广西壮族自治区参加全国比赛，共获得二等奖 2 个和三等奖 1 个；由该工作坊坊主辅导广西农业学校、广西河池职业教育中心的两个教师团队代表广西壮族自治区参加全国职业教育教师信息化教学设计比赛，其中玉林农业学校团队获得全国二等奖。电商专业对外服务教师团队成为社会发展的服务器，已经开发出 7 门电商课程，培训了超过 1 000 名电子商务人员。

第三节　项目示范引领，促进辐射

一、名师工作坊加强研究活动的开展

在现今素质教育的大背景下，课程和教学改革不断推进，每个教师都面临着不断到来的新挑战。学校通过名师工作坊加强研究活动的开展。工作坊成员在名师的带领下，通过团队课题研究、青年教师培训、名师论坛、名师例会、示范课巡讲、创新项目研究等形式多样的活动，研究新的教育理念、教学方法，实现课堂教学的有效转型，提高工作坊成员的课堂教学水平。

名师工作坊以名师为引领者，以专业为纽带，搭建校际之间的学术交流平台，进行教育教学改革探索，改革教学模式，不断提高教师的理论教学能力和实训能力，引领我区职业教育的不断向前发展。通过公开教学、组织研讨、现场指导、专题讲座、课题研究、公开课讲评、观摩考察等形式培训学员，促进中青年教师的专业成长及名师的自我提升，打造区域内高层次的教师团队，带动区域内教师队伍整体素质和育人能力的提升。下面以我区教育厅策划，全国重点建设职业教育师资培养培训基地、广西中等职业学校师资培养培训基地的广西师范大学职业技术师范学院承办的名师工作坊示范教学巡讲研讨课为例，阐述项目示范引领的作用和辐射的效果。

为充分利用我区职业教育优质教师资源，扩大职业教育优质教师培训资源受益面，提高全区职业教育教师教育教学水平，2014年4月至2018年9月，广西壮族自治区教育厅积极组织开展广西中等职业学校名师培养工程示范教学及区域辐射活动，通过广西中等职业学校名师培养工程学员组建的名师工作坊，以学员所在学校为基础，开展示范教学与研讨活动，并辐射区域内其他中等职业学校。全区首批20个名师工作坊先后共开展名师示范教学研讨课巡讲近70场，活动范围遍及全区地市级和县级职业学校。

根据中国教育报、光明日报、中国教育新闻网、八桂职教网等多篇报道，从2014年4月起，广西壮族自治区中等职业教育领域掀起了一股观课议课的热潮。活动辐射全区多所地市级和县级职业学校。20个名师工作坊，50场示范研讨课，多位专家进行现场点评，累计超过千余名中等职业学校教师参与观摩研讨，多家企业直接参与活动……名师工作坊成员在广西各地巡回开展示范教学巡讲，带动了当地职业教育共同提高，发挥了引领示范的作用，促进了辐射。

1. 专业教学与岗位、生产过程紧密对接

名师工作坊示范课巡讲听课评课专家，广西师范大学职业技术师范学院前任院长文萍说："老师们都以行动导向原则为指导开展理实一体化教学，通过对引导文教学法、项目教学法等的运用，对'小组合作学习'进行探索，构建职场情境。"这段话从不同角度践行了"教学内容对接职业标准、教学过程对接生产过程、教学环境对接生产环境、职业教育对接终身学习"这一职业教育教学改革核心理念。

2. 让学生成为课堂的主人

示范课通过教学模式创新，将行动导向落实到位。课堂从传统的以"教"为中心转向以"学"和"做"为主，让学生成为课堂的真正主人。对学生"关键能力"的培养，也是示范课的显著特点。正是这种充分为学生提供自由空间的方式，高度调动了学生的积极性，受到广大师生的好评，名师工作坊示范课巡进教学活动取得成功，得益于各名师工作坊的团队合作与坊主的亲临指导，体现出名师工作坊对专业教师的培养成果。

3. 现代学徒制人才培养模式的成功尝试

理论与实践一体化教学是现代学徒制人才培养模式的成功尝试，这是一种以用人需求为标准、以校企合作为基础、以人才培养为核心的崭新教学模式。有位企业领导提出"培训道场"的概念，即学生在流水线上进行实操，培养职业素养。通过这种方式进行校企合作，能够为企业降低培训成本。许多观课老师听后很是受益，决心回去后要好好学习与推广理论与实践一体化教学模式。

4. 每一堂课都是一次培训

名师工作坊的示范教学研讨活动在广西中等职业学校教师中掀起了一股不小的"追课"热潮，不少老师跟随专家组的脚步，跨地域"追"好几场示范课。贵港市职教中心副校长郑朝阳带领 9 名教师专程赴柳州观摩周云老师的示范课，北部湾职业技术学校机电学部副主任郑毅在钦州市听过叶颜春老师的课后，又赶赴崇左观摩周海林老师的示范课……辐射作用还引发了一系列思考。很多听课教师表示，每一场示范课后的专家点评对他们而言都是一次非常难得的、针对性强而且"接地气"的教学方法与技能方面的培训。示范课同时还促使中等职业学校教师深入思考怎样才算是真正的"双师型"教师，促使中等职业学校管理者进一步思索"双师型"教师队伍建设的路径。

"每一场示范研讨课都是一次卓有成效的培训。"广西教育厅师范处相关负责人表示，名师工作坊示范教学研讨活动聚焦"课堂教学"这一教师专业发展的第一要素，以教学展示和观课议课作为锻炼和提升中等职业学校教师教学业务能力的有效手段，充分展示和提升广西壮族自治区中等职业学校名师培养工程学员对现代中等职业教育新理念和新知识的学习能力、行动导向的课程开发能力、课堂教学和实践能力，也集中体现了职教攻坚以来广西中等职业教育改革的发展——尤其是示范校建设的成果，并形成良好的辐射作用，促使参加活动的所有教师加深对现代中等职业教育教学理念和方法的认识与理解。

5. 带动和影响一批志同道合的职教人

名师工作坊的"传经送宝"活动有效发挥"传、帮、带"作用，带动和影响了一批志同道合的职教人。"你们播下了一粒种子，孕育了仫佬山乡的职教希望。"这是广西罗城仫佬族自治县职业技术学校韦校长在"名师工程"学员送教巡讲结束后向讲师团表达的心声。和韦校长一样，广西越来越多的中等职业学校教师从"名师工程"的示范教学及区域辐射活动中获益。送教学员莫海燕主讲的"中等职业学校专业课程改革"，吸引了百色市及周边地区中等职业学校的教师前来听课；广西商业学校教师吕志宁开发了"电话营销"等20门校企贯通的培训课程，"电话营销"利用岗位一线的案例情境创设冲突、制造教学契机，激发学生的认知动机，把学生的知识技能、经验获取导向工作世界，实现"上课如上岗"的效果，受到中等职业学校学生的热烈欢迎。一名听课的中等职业学校教师说："一直以来，我难以找到调动中等职业学校学生学习积极性的方法，现场听示范课，使我感触很深，原来中等职业学校的课还可以这样上，真希望这种'传经送宝'活动能经常开展。"

一位专家说得好："一堂示范课吸引这么多外地职业学校教师来观摩，充分体现了名师培养工程已经形成跨区域辐射效应。学员们举起的这一束束教改教研火把，将把壮乡的职业教育天空点得更亮。"

6. 彰显工作坊的亮点和品牌效应

最好的教师不应该只燃烧自己照亮别人，而应该在照亮别人的同时也发展自己，照亮更多的人，实现社会价值最大化。而广西壮族自治区中等职业学校名师工作坊正是通过名师引领和骨干凝聚，带领一个团队、一个专业甚至一所学校积极开展教育教学改革创新，走上振兴职业教育改革之路并形成引领示范和辐射帮扶的突出成果，彰显工作坊的亮点和品牌效应的。

广西壮族自治区隶属的各市、县级中等职业学校也纷纷建设校级或市级名师工作坊，开展名师学员的遴选与培养。如南宁市为了打造南宁市中等职业教育名师队伍，以中等职业教育专业集团为载体，建立了9个首批中等职业教育名师成长工作室，旨在促进中等职业教育名师培养，提升教师队伍质量。根据南宁市中等职业教育名师成长工作坊实际情况分析，工作坊的建设过程也是名师培养和名师成长的过程，最终目标是培养一批在教育界和行业企业内具有一定影响力的教师，共同促进教师专业化水平的提高。名师成长工作室通过南宁中等职业教育网、名学校的校园网站及校园微信等资源共享平台建设、课程建设成果推广、专著资助出版、课题成果结集推广、开设名师成员公开课、举办主题论坛和系列专题讲座等形式分享工作坊的经验和成果，发挥名师成员对培养对象的示范引领作用，提高师资队伍的质量，促进中等职业学校的发展。

二、对中等职业学校名师工作坊建设的反思与建议

名师是教师队伍的领头雁，是教育教学改革的带头人，是学校品牌建设的排头兵。在职业学校建立名师工作坊，是职业教育品牌的一项重要举措。名师工作坊的建设是一个动态发展的系统工程，不可一蹴而就。名师工作坊要根据建设标准、考核办法及建设方案注意分层培养、多样化培养和全方位培养，切实将建设落到实处；要善于学习、实践、反思并寻找解决教学中产生的实际问题。

名师工作坊是名师成员及培养对象的反思空间。随着现代信息技术的发展，需要根据名师工作坊实施方案，遵循职业教育名师专业成长规律，树立"同伴互助、专家引领、勤于反思、教学相长、成果推广"的成长理念，成员及培养对象要做好个人发展规划和专业发展计划，促使自己主动学习，在教学实践中反思，逐渐将反思的内容和再实践的结果转化为可操作的专业技能知识。理解职业教育教学模式，修炼教学决策，训练教学技术，注重名师及培养对象应具备的职业能力，确保名师引领优秀教师团队和优秀教科研团队，进一步推动教师专业发展，提高中等职业学校师资队伍质量。各校建好名师工作坊，加快工作坊成员的

综合素质，打造一批热爱职教事业、理念先进、学有专才、书有专攻的中等职业学校名师队伍，充分发挥其引领带头作用，必定能够为广西壮族自治区职业教育事业的发展做出更大的贡献。

为了使我区名师工作坊的建设更加科学、有序、规范，以便后面获批工作坊开展活动，促使其成为骨干培养的孵化器课程改革示范的浏览器、科研兴教的助推器、专业建设的加速器、社会发展的服务器。有专家提出了以下一些工作思路：

1. 进一步明确名师工作坊的定位

名师工作坊应让参与研修的学员围绕主题进行研究探索，真正找到提升名师队伍的最佳路径。强化教育理论的引领，不但重术，更要重道，加强名师培养模式的提炼，促进名师队伍的建设。名师工作坊主应认真阅读教育经典理论著作，不断提升研修学员的教育理论水平和研究能力，帮助其形成教学风格和教学思想。

2. 进一步使工作坊成为名师孵化器

名师工作坊应不断提高主持人的指导能力，重点抓团队培养方式，构建学习共同体。名师工作坊坊主要形成自己的教学思想、流派，并使这种思想与流派得以发扬传承。名师工作坊坊主要起到组织者、指导者和助推者角色，设计好教师发展的方向与愿景，并扩大其影响力。

3. 进一步帮助学员做好发展的规划设计

名师工作坊坊主对学员的发展规划，应避免粗糙、解决不精的问题。要做好学员的自身需求分析，对症下药，同时要让学员懂得研修的目的是更好地服务于南岸教育。强化教师规划的论证和认同，强化规划的执行。要把规划固化下来，分解到年度计划中去，对其中的路径、措施和考核一一加以落实。

4. 进一步强化研究成果的提炼

名师工作坊要重视对学员研究的历练、教学风格的凝练、教学主张的锻炼及教学成果的提炼，形成一批集学术专著、系列论文、分析报告、教学资源及教改实践于一体的职业教育教学改革创新系列成果，并将研究成果直接指导教学，确保课程改革找准正确改革方向和改革重点，有效促进课程教学改革并进一步关注名师作用的发挥和成长过程的跟踪。相关教育部门应继续搭建平台，让从名师工作坊走出去的教师能够继续不断地研修下去。工作坊成员更要继续参与研修学习，不断进步，让自己成长为全国教育界有影响的知名人物。

5. 进一步推广教育教学成果

名师工作坊通过本地区中等职业教育网、校园网站及校园微信等资源共享平台建设、课程建设成果推广、专著资助出版、课题成果结集推广、开设名师工作坊成员公开课、举办主题论坛和系列专题讲座等形式分享工作坊的经验和成果，发挥名师工作坊对培养对象的示范引领作用，提高师资队伍的质量，促进中等职业学校的发展。

6. 进一步加强校企合作项目

校企合作是提高中等职业教育人才培养质量的重要途径，校企合作项目同时也是名师培养和名师成长的重要外部环境。要做到校企合作深度融合，名师工作坊必须与企业进行多方合作，通过产教融合、工学结合的人才培养模式与企业共建实训基地，共同开发课程和校本教材，共同研发产品，教学内容设计与职业岗位紧密衔接，做到教学、科研、竞赛、实习等方面相结合，打造优秀教师团队，为企业提供员工培训服务，实现校企双赢。

第七章　现代学徒制的实施途径

第一节　柳州市第二职业
技术学校现代学徒制项目实施背景

　　作为专业发展的有效途径之一，现代学徒制项目的实施是各中、高等职业院校大力推行的项目。很多院校的专业对现代学徒制项目的实施兴趣浓厚，都想在本专业推行与实施，却往往忘记了现代学徒制实施的初衷。所以在目标没有明确之前就匆匆忙忙地寻找合作企业开展学徒制项目，结果造成实施难度巨大，效果也不好。目前，现代学徒制模式基本划分为两大派系，分别是德国的双元制与英国的现代学徒制。柳州市第二职业技术学校（以下简称"二职校"）的专业也根据自身的需求，选择了其中一种模式。由于各专业在现代学徒制项目实施过程中的进度不同，下面就以二职校"物流服务与管理"专业的英国现代学徒项目实施为例，详细阐述现代学徒制项目的实施途径与过程。

　　2014 年，柳州市被选为广西壮族自治区学徒制项目的唯一试点城市，为贯彻落实《国务院关于加快发展现代职业教育的决定》（国发 ﹝2014﹞19 号）和《广西壮族自治区人民政府关于贯彻〈国务院关于加快发展现代职业教育的决定〉的实施意见》（桂政发 ﹝2014﹞43 号）精神，深入推动柳州职业教育"十五"期的改革与发展、创新推动首批全国"现代学徒制"试点城市建设工作。柳州市各中、高等职业院校积极参与项目的计划实施，而二职校"物流服务与管理"专业作为国家示范学校重点建设专业也有幸参与其中。学校物流服务与管理专业《"物流服务与管理"专业现代学徒制人才培养体系构建》项目，是二职校与英国瑞尔学徒公司及柳州市瑞泽商贸有限责任公司共同合作实施。由二职校与合作企业共选拔出 6 名物流专业教师和 4 名企业师傅组成评估师团队，并由双方共同选拔 20 名学生作为学徒参与该项目的实施。2015 年 3 月，经过项目考察、方案规划及项目实施，该项目已完成第一阶段的培训内容，完成评估师团队与学徒的相关培训。2016 年10 月起开始实施项目的第二阶段内容，在完成内审员培训的同时与企业共同进行现代学徒制本土化的探讨，制订相关的企业岗位标准，并对人才培养方案、教学内容改革、课程设置、课程标准等方面进行一系列的修订，以确保学徒与企业的无缝衔接，提升学徒的岗位竞争力。

第二节　英国现代学徒制概况

一、英国现代学徒制的基本概况

英国作为世界的老牌强国，其工业基础与教育水平一直处于领先地位，直到 20 世纪 90 年代初，英国政府发现本国工业发展已逐步被其他国家赶超。企业在员工的招收过程中遇到了非常大的困难，国家的基础教育与企业发展的需求有了较大的落差。为了解决企业员工素质与企业发展需求不匹配的问题，改善企业招工用人状况，从 1993 年起，英国政府制订了现代学徒计划，并由政府牵头斥巨资推行计划的实施。

英国现代学徒制是英国向全国提供非学历制教育体制，由雇主、学徒、颁证机构、培训机构、政府监管机构共同组成，由政府、颁证机构、行业协会、OFSTED（教育、儿童服务与技能标准办公室）共同监督。英国现代学徒制具有制订好的学习框架，每个框架包含 3 个核心内容，同时规定学徒每年应有不低于 280 小时的学习内容，其中包括：

（1）理论知识的学习，包含对职业领域与行业的理解。

（2）工作能力的评估，包含对学徒能否胜任核心工作内容的评估鉴定。

（3）基础技能的学习，包含撰写、沟通、数学及信息科技（IT）知识等基础领域的学习。

资金方面，在英国，学徒是接受正规系统培训的雇员。年满 16 岁的英国公民均可参加学徒教育，并且 16～18 岁的公民可以获得全额补助，19～20 岁的公民可以获得 50% 的学费补助。政府返还部分学徒培训费用给大企业，用于企业学徒培训费用；对于中小企业则定额收取学徒税，并获得 100% 费用返还，用于学徒培训。

二、现代学徒制与传统意义上师徒的区别

传统意义上的师徒其实一直都是存在的，从时间上看，我国 20 世纪 60—70 年代，师傅带徒弟一直是大多数行业的传统。例如木匠、铁匠、模具工、车床工等，都是以这种模式进行人才的培养。直到 20 世纪 80—90 年代，各职业院校的蓬勃发展，师傅的这种培训功能才逐步被院校替代。而对于一些传统行业，这种模式依然存在，如相声、戏剧等。这种模式往往是一个师傅带多个徒弟，师傅传授给徒弟的以师傅的技能技术为主，对徒弟的个人基本素质、人生规划往往是不重视的。这种模式更适合小批量的人才培养，因为它没有固定的标准，徒弟的业务水平往往取决于师傅的个人修为。加之师傅个人喜好的原因，不同徒弟获得的重视程度不一样，这就决定了其获得的教育资源也不一样。所以徒弟之间的差异非常大。另外在传统的师傅带徒弟的培养模式中，还有一个弊端——由于担心徒弟艺成后抢师傅的饭碗，也就是我们常说的"教会徒弟饿死师傅"，师傅往往会保留一些核心技能不传授，结果造成很难有徒弟的业务水平超过师傅，导致核心技能的传承随着时间的推移而逐渐缺失。

而对于中等职业院校来说，教师对企业的不熟悉，对市场需求的不了解是制约职业教育发展的一个重要因素。职业院校走到今天，教师往往承载了过多的功能，教学、班主任工作、招生、就业、科研、论文无不需要耗费教师的巨大精力。教师很难再从繁重的工作中抽出时间了解企业、行业和社会的需求。虽然职业教师每 2 年都要到企业进行不少于

2 个月的挂职锻炼，但这种锻炼由于时间上及企业岗位要求的限制，很难让教师得到业务上的大幅度提升，更多的是走马观花式的完成任务。因此，职业院校中教师传授的知识技能也会严重偏离企业需求，学生在毕业时达不到企业的预期，很多企业对毕业生不是很满意，所以企业的关注点就只能停留在劳动力资源上，因此，企业也必须花费更多的精力对毕业生进行二次培养。

三、现代学徒制的意义

现代学徒之所以有其可取性，主要是因为：

1. 身份的转变

首先是学徒身份与学生身份的区别。作为学徒其首要的身份是企业的员工，这是由学校与企业在招收学徒时就确定的，所以学徒的学习目的与学习动力和学生是不一样的，其学习的内容也与一般的学生相比差别很大。学徒所学的知识与技能更多的与企业的生产、岗位需求相匹配，以不同岗位上的核心技能为主。

其次是教师与企业师傅身份的改变，教师与企业师傅也不再是单一的身份，学校与企业有了共同的目标，教师就不再单纯是教师，教师也是企业的员工，是真正意义上的"双师"。企业师傅也不再单纯只是企业员工，也是教师队伍中的一员，他们还拥有一个共同的身份——评估师。只有对教学和企业需求都有足够的了解，培训才能根据不同学徒特点制订相应的培训计划，并对学徒进行相关的培训。这对学校师资队伍的建设与校企师资融通是非常有帮助的。

2. 学习环境的转变

学徒与学生的学习环境不一样。学徒在师傅的指导下可以利用企业实际的生产岗位进行学习，而学生更多的在学校的实训环境中进行学习。虽然现在很多学校实训室的设置与企业的环境和设备一致，生产流程也基本一致，但是企业生产的需求变化是实训室中很难模拟的。另外，企业在运营过程中还涉及一些商业机密，所以在实训室中完全模拟企业的工作环境只是学校一厢情愿的想法，在现实中很难实现。而在现代学徒制中，学徒既是学生又是企业的员工，企业愿意投入更多的精力对学徒进行培养，因此，也提供了更多的学习环境供学徒培训和学习，甚至能够在师傅的带领下直接承担岗位的工作任务，这些都是学校不具备的。另外，与在校模拟训练不同，由于企业的生产任务实时变化，相应的工作也需要根据这些变化进行调整，这些情况给学徒带来的紧张感和真实感与学生的学习兴趣是不同的。

3. 评审制度的改变

学徒质量保障体系是现代学徒制项目的核心体系之一。在英国的质量保证体系中，学徒制培训过程实行教学者与评估师分离，评审过程实现内审与评估分离，发证过程实行内审和外审分离，实施与监督相互分离的操作模式，以确保学徒培训过程可以得到质量监督。而目前看来，学校和企业很难直接运用这样的体系。由于我国各行业有不同特点，一些行业没有相关机构对学徒进行认定，行业协会也无法引导行业制订相应的行业标准，这给现代学徒制项目的本土化实施带来了巨大的困难。

第三节　现代学徒制的实施途径

一、合作企业的选择

在实施英国现代学徒制的项目中，寻找一个良好的合作伙伴无疑是最难的。在英国，为了刺激企业积极参与现代学徒制项目，需要向大中型企业收缴一定比例的学徒税，政府则按企业所缴的税额比例发放学徒券，企业可以使用这些学徒券与培训公司或学校进行学徒培养，让学徒为企业继续创造价值，从而促进企业参与学徒制项目。在这个系统中企业扮演的角色很主动，因为企业如果不主动参与项目，其所缴纳的学徒税就白白浪费掉了，这对企业来说无疑是一种巨大的浪费。而中国的现代学徒制项目，企业没有这样的源动力，所以在寻找合作企业时，一定要与相关企业沟通好学徒制项目实施的目的，企业参与这个项目有什么意义，调动起企业参与项目的主动性。因为现代学徒制项目并不是一蹴而就的，时间上的跨度也相对较长，在这点上如果找不到企业参与项目的源动力，那么企业参与的热情就无法保障。而在目前阶段，政府、学校、企业三方并没有一套行之有效的保障体系，学校在这方面甚至可以说是非常被动的，学徒项目的实施质量也就无从谈起了。所以从选择的合作企业来看，合作企业至少应该满足以下3个条件：

1. 具备一定的规模

在英国，有一种模式是学徒可以由一个大公司提出需求，并与培训公司共同合作进行培训，这样学徒基本都隶属于一个公司，无论从培养的标准、需求、目的来看，还是从证据的收集和评估来看，都相对较为方便。另一种模式是学徒分散在其他不同的企业中，由培训公司根据企业的需求对学徒进行相关的培训和评估。而我国的现代学徒制项目基本处于探索或是试点阶段，对学徒的认识还不够深刻。对于第二种模式，各企业需求和岗位标准也不相同，评估师在指导学徒和对其进行评估时难度相对较大。另外，由于学徒分散在多家企业，给评估师探访学徒也带来了一定的难度，到企业进行评估指导时需要沟通的人员也较多，不利于项目的推进和实施。所以在选择合作企业时，应选择具备一定规模的企业，这样可以为学徒提供数量稳定的工作岗位，为制订学徒培训计划、实施现代学徒项目奠定良好的基础。

2. 目的明确，有强烈的合作需求及意愿

现代学徒制项目前大多数还处于试点阶段，为学校和企业提供相关保障体系还没有建立起来，很难直接从经济利益上调动企业的参与积极性，而人情式的合作方式很难保证项目的良好开展，所以企业在进行项目前必须有自己明确的目的和需求。无论是制订企业新的岗位标准，还是提高企业员工素质，或是加强培育企业中坚力量，这些目的和需求必须是清晰的。只有这样才能为企业创造效益，满足企业的最终需求。企业也更容易促发自身的源动力，积极地参与到项目的推进当中。

3. 企业高层直接参与

现代学徒制项目并不是一蹴而就的，从规划、立项到实施是一项长期的过程，第一年还仅仅是学徒和评估师的培训，第二年才开始进行内审员和现代学徒制本土化的落实。即在短期内还无法看到项目的直接成果，与企业期盼的效率和效益有所差距。而企业高层的直接参与，随时能了解项目的进度，了解项目实施的真正意义，了解项目推进的困难。只有这样，企业才能及时为项目的推进创造条件并提供良好的合作平台。

总的来说，一个好的合作伙伴是现代学徒制项目成功的保障，在寻找合作伙伴时，作为学校方一定要切准企业的利益点。对于中等职业学校，大多数企业的目标还是在于人力资源。企业需要员工无可厚非，这也是一个企业生产运营的正常需求，但如果落脚点只停留在人力资源这一最基本层次，企业的源动力无疑是非常弱的，因为生产运营会随着市场的需求发生变化，对人力资源的需求也在不断的变化中，而现代学徒制项目在我国又处于探索阶段，在一定时期内企业的付出是得不到回报的，这将给项目的实施带来非常大的不确定性。至于合作伙伴是选择国企还是民企，两种类型的企业各有特色：民企的高层稳定性较强，处事也比较快捷、灵活；而国企在企业文化、岗位职责、操作标准等方面有较大的优势，社会认可度也较高。所以还需要学校自己认真下功夫，研究哪一类企业更适合与自己合作，更适合当地经济发展的需求。

二、师资队伍的建设

英国现代学徒制是一种完整的体系，它由政府监督、培训机构、颁证机构、雇主、学徒组成。在这里，各机构和政府各司其职，并由质量监督体系确保现代学徒制项目的质量和运行。对于我国中等职业学校来说，想要实施这种模式，学校和企业就要承担这个体系中的多个功能，也就是说学校和企业既是项目的实施机构，也是项目实施的保障机构，还是项目实施的监督机构。这种既当"裁判员"又当"运动员"的赛事显然是不合理的，但是在目前中等职业学校推行现代学徒制项目的过程中又是不可避免的。所以对于现代学徒制项目来说，师资队伍是必须解决的关键性问题。同时，这对师资也提出了更高要求，师资必须清楚认识到"本地化"的现代学徒制体系是如何构建和运行的，还需要掌握学徒的评估方法与手段，懂得如何培训和评估学徒。教师需要清楚地掌握行业标准，还需要有能力将这些标准和相关内容编写成册，因为现代学徒制项目在国内的相关材料一直是空白的。师资是现代学徒制项目实施的执行者，也是项目的推动者，这就决定了"本地化"的现代学徒制项目的实施，师资培训环节是项目的重中之重，没有合格的师资，项目就没有根基，项目的实施只能是纸上谈兵，似是而非。

由于英方在培训时已说明，项目初期一名评估师只能带领两名学徒。有了这个要求，学校与企业在选拔评估师的时候就困难重重，因为企业需要抽调能工巧匠和行业精英来开展现代学徒项目的实施。对于企业来说，一定会影响其生产效益，加上由于我国的现代学徒制的环境与英国完全不同，企业并没有学徒税的返还，企业实施学徒项目在一开始的时候并没有效益，这势必会让企业有所顾忌。同样的问题也让学校非常头痛，同一个专业要实施现代学徒制项目，就要选拔专业中优秀的教师来参与项目，因为专业的师资本身就比较有限，并且对于中等职业学校的教师来说，除了教学工作外还有很多科研、招生、比赛等其他的工作要处理，现代学徒制项目的开展也会加重教师的工作，同时师资的派出学习和培训也一定会影响正常的教学工作。可以这样说，项目实施从一开始就困难重重。解决问题的方法总是有的，通过研究教学计划，学校和企业决定利用周末及学生跟岗实习的时间开展师资的培训工作。而项目涉及的内审员和评估师两类人员的工作内容也有很大差别。

1. 内审员及评估师的作用

区别于传统的教育培训模式，英国现代学徒制有着严格的质量保证体系，肩负着学徒、企业、行业健康持续发展的重要使命。在这一体系的监控下，为了保证现代学徒制的正常持续进行，在实施过程中有两个必不可少的重要参与角色，即内审员和评估师。内审员是学徒制的指挥者，需要关注行业及企业的发展，制订及修正评估标准，培训评估师，监控评估师、企业、学徒是否按标准进行工作，保证教学和评估的内部质量，对评估师的工作进行抽样反馈。

2. 内审员及评估师的选拔及培养

无论是内审员还是评估师，都是学徒制实施的重要基石，是项目开展和实施的执行者，同时也是学校和企业全面铺开学徒制本土化的前提。一般情况下，学校和企业会先行选出评估师进行相关培训，而表现出色的评估师则由英方确认为内审员，并进行内审员的相关培训。当然评估师的选拔在现代学徒制的实施过程中也有着严格的筛选标准，其过程包括评估师招聘、申请表提交、面试、审核、注册通过。由于评估师的培养在现代学徒制项目中有举足轻重的地位，涉及整个培训过程能否完成，也涉及多个利益相关方，因此，评估师的审核需要对申请人进行多方面的风险考虑，因为一旦人员在培训期间发生变动将会影响后续项目的开展，特别是对于企业方来说，员工的稳定率不高，企业职业工作变动的情况时有发生，所以项目实施前，在评估师的选拔上一定要多下功夫。一般来说评估师的培训需要与学徒的培训同时进行，周期通常为1学年。借助英国已有的物流专业学徒制培训模式及评估标准，拥有熟练教学评估经验的 IQA 内审员进行一季度一次的评估师标准化会议培训。由内审员根据学徒制的评估内容及标准制订对评估师的培训内容及培训计划，通常包括评估原则、评估标准、评估流程、评估方法、证据收集及整理、质量保证、决定反馈及继续教育。其具体内容视行业而定，评估师的进度会有调整。在这个过程中，评估师需要独立完成 2 名学徒的评估，包括其招聘、面试、培训、评估、证据上传、决定及反馈，以及证书的颁发。内审员的选拔对象必须是已经获得评估师资格的学徒制参与者，同时还应具备行业、企业、现代学徒制的聪明视角。内审员培养名单由评估师的培训 IQA 内审员及学徒制质量检查官 EQA 决定，同时内审员培训者也将跟随获得 EQA 资质的质量检查官进行 IQA 内审员的培训。在这个过程中，每名内审员培训者需要监控指导至少 1 名已经获得评估师资格的人员，帮助其继续标准化的培养评估更多的新学徒。同时，内审员培训者还需要自己面试招聘并培训一名新的评估师，帮助其按标准完成 2 名学徒的培训及评估。内审员对评估师而言更多的是开展评估标准化培训会议，保证评估师的评估过程符合要求。这是一个循环过程。获得资质的内审员将有能力以团队的形式构建更加健康、优化的学徒制培训评估标准及评估师培养计划，并培养合格的评估师，也将能够与企业、行业建立高效、通畅的人员培养模式及方案。

三、行业标准的制订

在英国，行业标准是由行业协会和企业共同制订的，同一类别的企业都认可相关行业的行业标准，但是对于我国来说，现实情况却不容乐观，例如物流行业的行业标准一直以来就没有能在全国推行开来。而现代学徒制项目的核心就是行业标准的制订，在英国，由国家层面制订英国国家职业标准（NVQ），并根据员工的能力颁发英国国家职业资格证书。这种评估模式通过规范的评估程序进行内外评估、在制订的职业标准的前提下对学徒保留的证据进行审核。在这种模式下，评估师是不需要关心行业标准是如何制订的，他们只负责对学徒进行相关的培训，制订学徒的学习计划，让学徒清楚地知道要成为合格的学徒需要符合哪些行业标准即可。对于我国物流行业，前面已经提到过，国家在 2018 年才完成了《物流标准目录手册》的更新，距离标准的执行和推广还有很长的路要走，企业更多执行的是供应商，特别是大型企业的标准，标准的不统一给现代学徒制项目的推广带来很大阻碍，这意味着不同的师傅培养出来的学徒质量不一样，同一个师傅培养出来的学徒很可能是符合了这个企业的要求和岗位标准，却不符合另一个企业的用人需求。所以在现代学徒制项目"本土化"的过程中，行业标准的制订与实施是项目落地的根本。

四、英国现代学徒制的教学实施

1. 以学徒为中心的教学理念

现代学徒制要求在教学当中注重学徒的自身特点，要根据不同学徒制订相应的培训计划，学徒的能力不同则培训的侧重点也有所不同。评估师需要为学徒制订学习计划，要定期拜访学徒并了解其学习状况。通过评估审核学徒学习的证据，保证学徒的学习满足国家行业标准的要求及企业岗位要求。

2. 注重学习过程的教学方式

在现代学徒制的实施过程中，学徒主要学习地点在企业。学徒学习的大部分内容会在工作岗位中完成，学徒学习知识技能的过程，也是学习完成岗位工作的过程。也就是说，学徒的专业技能部分的学习与工作任务的完成是合二为一的。所以现代学徒制项目可以有效提升学徒学习的自主性与积极性，同时激发学徒的学习兴趣并加深其学习印象。而学徒要通过评估师的评估就必须清楚作业流程，掌握作业流程中的操作步骤，只有这样才能有效的完成评估。

3. 提倡项目教学法的教学模式

英国现代学徒制中的 ESW 模块对学徒有一项能力要求，就是要求学徒必须具备一定的数据计算和分析的能力，也就是 AON 模块。在 AON 模块的要求中，学徒需要通过在企业岗位工作完成一系列的任务作业，还需要观察自己的工作及岗位环境，发现问题并自己收集需要的数据，对数据进行计算分析从而得出结论，对工作流程、工作任务或工作环境进行改善，在为企业献计献策的同时，也达到提升自身能力的目的。AON 模块的教学要求，非常符合项目教学法的特征。所谓项目教学法就是将一个较为独立的项目交给学生处理，学生通过信息收集和数据分析进行方案设计，最终完成项目的实施。英国现代学徒制非常重视数据的真实性，这些数据必须是在真实的工作中收集得到，不能是凭空臆想，虚构出来的，这就对教学提出了新要求。

4. 满足企业需求的教学标准

在英国，由行业先锋制订行业标准；而在我国，有些行业恰好缺乏这样的行业先锋行业标准，这给教学带来了困难，教学内容无论是宽度还是深度都很难拿捏，学生到企业后还是需要企业进行二次培训。在现代学徒制项目中，企业的参与度大大增加。校企双方根据实际情况和行业特点共同制订培养计划，共同开发教学内容并共同进行评价。企业还可以根据岗位需求随时制订相关标准，从而促进教学的实施。

5. 以证据为重的教学评价模式

在英国现代学徒制项目中，学徒的能力是通过评估鉴定的，而评估能否通过，最重要的是由证据来体现。英国不但有完善的监控体系保证现代学徒制项目的实施，同时也更重视证据的搜集和保留。评估员在完成教学和评估工作后，通过观察、录像、提问、讨论、个人陈述、考试、证书、演示、证人证词、查验作业、完成项目、案例等多种方式收集学徒的证据，再将证据上传到上级机构，由上级机构进行审核。这样的审核优势在于，无论谁在审核，在证据面前保证了审核的正确性。

五、评价体系的构建

在这里之所以要单独提出评价体系，是因为评价体系是教学改革的重要组成部分，它对教育的质量具有鉴定作用。合理的评价体系可以真实地反映受教育者的真实水平。另外，评价体系还对教育有监督、引导、管理、诊断、调节等作用。而现行的中职物流专业评价体系一直存在着较为明显的缺点，使评价体系没有真正地发挥相应的作用，所以评价体系应该如何进行改革一直是教师潜心思考的问题。

1. 传统评价模式

对于学习成绩为主体的评价模式，人们是最熟悉不过的，通过教师出题对学生进行测试，以测试的成绩来判断学生是否达到了培养的预期目标。其实这种评价方式很难用体系来概括，因为它的评价指标非常单一，优缺点也非常明显。对于中等职业学校来说，一般情况下很少采用这样的评价模式，这种以成绩为主体的评价模式更多的是被中小学采用。作为中等职业学校也只有新开的专业采用这样的模式，它的优点就是简单易操作。无论是由任课教师直接出题还是从题库中选择题目来进行测试，它的评价方就只有一方，也就是教师，这就使对学生的评价环节减至最少，涉及的人员也最少，评价模式的可控性强。但是这种评价模式的缺点也非常明显，至少有以下3个：

（1）评价者单一。

评价者单一指的是评价学生的主体单一，评价学生质量的主体只有教师，而教师个人的教学水平、专业素养、出题习惯都会直接影响到学生的测试成绩，这样的测试很难真正反映出学生的专业知识和技能水平。另外，中等职业学校培养学生的主要目的是为社会和企业提供合格的专业人才，而作为人才的使用者，企业方在学生的评价中却没有任何的发言权，学生学习的好与坏由教师单方面说了算，同一名学生可能由于考察的教师不一样，得出的结论也完全不一样，对于中等职业学校学生的评价来说，这显然是不适宜的。

（2）评价方式单一。

用成绩对学生进行评价的方式，由于指标系数清晰，只有成绩可作为参考指标，这就意味着成绩决定了学生的一切。虽然在中小学以成绩指标对学生再细分已经非常的成熟，但是也脱离不了唯成绩论的评价模式。此外，中等职业学校学生与中、小学学校学生在性质上不相同，中、小学校为了选拔和区分层次，常常是一次考试定生死，给学生的压力也特别大，对于中等职业学校学生来说，他们需要掌握的知识和技能可以通过反复学习和培训来达到目标，用一次考试成绩衡量他们的专业水平和综合素质显然是不合适的。

（3）评价标准难以衡量。

在我国，物流行业标准一直很难制订和推广，2018年，虽然中国物流与采购联合会标准工作部、全国物流标准化技术委员会秘书处历时8年完成了《物流标准目录手册》的编制和更新工作，但是离这个标准手册的推广与应用还有一段很长的路要走。目前，对于企业来说它们应该用的标准更多的是供应商的标准，或是企业自定的标准，并没有进行一个制订的规划。大多数中等职业学校物流专业的教师也不清楚这些标准及要求，甚至不知道相关企业的标准。但学生的质量却是由教师通过一次考试进行鉴定，这就是企业报怨学校对人才的培养与社会和企业的需求脱节的原因之一。

2. 多元化评价体系

以成绩为评价主体的评价模式在根源上受到应试教育的影响，即便是中等职业学校的专业教师，他们也是应试教育中的产物，应试教育的这种评价模式与方法在他们的脑海里早已是根深蒂固。大部分专业教师也是到了职业学校中才逐步开始对学生的评价模式进行研究，在这样的教育背景下，学生的知识结构体系往往就会被忽略，教师重视的是理论学习，忽视了学生的能力培养。因为这样的评价模式不适用于中等职业教育，多元化评价体系才应运而生。

所谓多元化评价体系，指的是以多方评价为主体的评价模式，目前中等职业学校的多元化评价体系的评价主体一般有教师、企业、家长、学生这几方。让多方参与到教学评价当中的目的是为了让教学的评价更为公证、客观。坚持教师评价是因为教师是教学的主体，教师对所教授的知识和技能的深度、学生的学习情况较为了解。引入企业评价是因为企业是教育成果的享受者，是教育质量的直接检验者，企业对学生的评价很大程度上反映了学生的学习质量。另外，引入企业评价可以让企业有话语权，学校可以通过企业专家委员会、典型工作任务分析会等渠道让企业参与到人才培养方案的撰写、课程设置、实训室建设、教学评价中，明确教学改革的方向并参与教学改革。学生参与自评与他评的目的是让学生在进行自我评价和评价他人的时候进一步加深对知识和技能的理解，从而激发其学习兴趣，促进教学质量的提高。家长评价的目的是让家长更多地参与到教学中来，关心学生的学习和成长，这对学生后续的培训学习非常有帮助。当然，多元化评价模式本身也有缺点，特别是这种模式的可控性不强，虽然让企业与家长参与学生评价的思路非常好，但是由于工作时间的冲突、地理位置的差异等因素，多元化评价模式很难推广和执行。

3. 英国现代学徒制学徒评价模式

在英国现代学徒制学徒评价模式中，学生是由颁证机构进行审核和鉴定的，学徒可以根据自身学习和工作的情况，通过衡量自身专业能力是否达到了国家标准，然后向评估师提出评估申请，评估师则根据学徒的评估申请对学徒的各项能力指标进行评估，在评估完毕后，评估师将保留好的证据上传到颁证机构的系统中，由颁证机构根据学徒的证据进行审核与鉴定。这种模式与多元化评价模式相比有着自身的优势，但是在推广上的难度却大于多元化评价模式。因为现代学徒制的核心是行业标准的制订，在英国，各行业由国家牵头，联合相关机构由行业先锋制订国家职业标准（NOS），这与我国物流行业相比差别很大，由国家制订标准后，各企业都遵循此标准，也就是说经过现代学徒制培养出来的学徒，各企业都能直接使用，不需要再进行多次培训。

4. 现代学徒制评价模式的实施路径

英国现代学徒制评价模式的实施自身优点非常明显，无论是对企业还是对学徒，这种评价模式都是利大于弊的，但是想要实施这种评价模式却是比较困难的事情，至少应做好以下3方面准备：

（1）标准的确定。

标准确定的问题在前面已经有了较为详细的阐述，在这里就不再重述。标准的制订一定是学徒项目实施中的关键一环，因为它将影响到学徒的教学、培训、评估等一系列相关环节。可以这样说，没有制订相应的标准，现代学徒制项目将无法实施。虽然我们可以借鉴英国的行业标准，但这与我国各区域的实际需求有较大出入，在项目的实施过程中需要认真考虑。

（2）相关资料的撰写。

中等职业学校引入现代学徒制项目的时间其实并不长，二职校也是2015年才开始引入中等职业学校物流现代学徒制项目的。在此之前也只有上海现代流通学校在此方面有着丰富的经验。由于语言的差异，接受英方公司的培训并学习相关的知识是困难的。但更困难的是要将这些知识转化为"本土化"的现代学徒制体系，从而达到培养学徒的目的。从现代学徒制项目的实施方案到人才培养方案，从与企业协商课程的设置到制订企业执行的相关行业标准，从师资队伍建设到项目实施保障，这些都是现代学徒制项目实施的必要条件。要想项目实施运营就必须填补这方面资料的空白，也只有这样项目才能持续发展。

（3）实施与推广。

实施与推广是评价模式实施的最后一步，这一步的困难主要有两点，一是班级的选择。现代学徒制评价模式有着灵活、公平公证的特点，但是这种模式的实施会加大教师的工作量，可能很多时候需要在工作外的时间来完成对学徒的评估。在英国，评估师对学徒的指导和评估就是本职工作，在中国，评估师一般是由学校的专业教师和企业人员组成，他们有着各自的本职工作，对这些评估师来说，评估工作是一种额外的负担。所以，对于这些评估师来说，相应的政策应该在项目实施前就制订好，企业必须意识到现代学徒制给企业带来的收益，学校也需要意识到现代学徒制给专业建设和发展带来的契机。二是企业的推广。通常情况下，企业对现代学徒制项目的参与热情不高，他们不像英国的企业享有学徒税补贴，大多数企业的意识和注意力只停留在人力资源这方面，这些企业认为现代学徒制项目就是订单班，企业只关心毕业时能到企业工作的学生有多少。所以现代学徒制项目的实施需要把好合作企业的脉，切实解决企业生产运营的困难，企业才有合作的动力，现代学徒制项目评价模式才能在企业得以生根发芽，总之，现代学徒制项目评价模式的实施任重道远。

参考文献

［1］李薪茹，王松岩．大赛资源转化的现状问题与趋势［J］．中国职业技术教育，2018（16）：73－79．

［2］胡进雨．对中职示范校"后示范"建设的思考［N］．黑龙江教育学院学报，2015（34）：33－34．

［3］芮志彬，梁群，田玲等．回顾与展望：全国职业院校技能大赛发展研究［J］．中国职业技术教育，2018（16）：102－107．

［4］张保霞．校企合作职业技能大赛的研究与实践［N］．农村经济与科技，2018（10）：247－248．

［5］金璐，任占营．依托职业技能大赛培育"工匠精神"的实践与探索［J］．中国职业技术教育，2017（10）：59－62．

［6］马斌．后示范建设的价值追求、发展战略和策略选择［J］．职教通讯，2015（31）：1－4．

［7］胡晔丹，蒋赟．绽放技能之光共享职教魅力［J］．中国职业技术教育，2016（16）：176－181．

［8］刘延东．弘扬工匠精神打造技能强国［J］．中国职业技术教育，2016（13）：4－7．

［9］张启慧．基于产教融合的职业技能大赛校企合作新平台构建研究［J］．高教学刊，2016（24）：59－60．

［10］郦俊伍．基于技能大赛的校企合作平台构建研究［N］．辽宁经济职业技术学院学报，2019（2）：96－98．

［11］岳宗辉．技能大赛促进校企深度融合研究与实践［J］．计算机教育，2018（5）：119－122．

［12］李如岚，刘良军．中职国家示范校后示范建设探讨——以广

西理工职业技术学校为例［J］. 广西教育，2016（6）：52－57.

［13］邵红蒙. 生命周期视角下广西中等职业学校专业建设研究［D］.

［14］刘哲. 关于我国中高职衔接政策的分析与思考［J］. 职教通讯，2014（19）：25－29.

［15］丁惠炯. 基于中高职衔接的现代职教体系建设论纲. 中国学术期刊（光盘版）电子杂志社有限公司.

［16］丁才成，丁敬敏，李东升. 中高职衔接贯通培养拔尖创新人才研究［J］. 当代职业教育，2017（1）：81－85.

［17］覃志航. 中高职衔接存在的问题及解决对策——以广西现代职业技术学院为例［J］. 高教论坛，2017年3月第3期：107－108.

［18］万德年. 中高职衔接人才培养质量评价体系建设研究［N］. 无锡商业职业技术学院学报，2017年4月第17卷第2期：92－95.

［19］邵长兰. 中职学校师资队伍建设存在的问题分——基于天津、淮南、宁夏、包头、广州五地示范校的调查［J］. 职业教育研究，2016（12）：38－42.

［20］李伟娟，王丹，王才，毛艳，陈迎春. 稳定的校企合作是中职师资队伍建设的有效途径［J］. 河南农业，2016年第3期（下）：10－11.

［21］刘海艳. 双师型视角下的中职新任教师入职培训探究［J］. 教育现代化，2017年4月第14期：81－82.

［22］冯志刚. 对接中等职业学校教师专业标准促进教师自我专业成长［J］. 江苏教育研究，2015（02）：65－67.

［23］石明. "七彩时空"特级教师工作坊建设发展中教师成长的感悟［J］. 科技文化，2016年10月（中）：29－30.

［24］谭家兴. 现代学徒制的内涵与要素分析［J］. 长江工程职业技术学院学报，2015（4）：47－49.

［25］徐丽华. 校企合作中企业参与制约因素与保障措施［J］. 职业技术教育，2008（1）：48－50.

［26］程宇．我国现代学徒制的政策发展轨迹与实现路径现代学徒制的本土化实践探索［J］．职业技术教育，2015，36（9）：28－32.

［27］万德年．中高职衔接人才培养质量评价体系建设研究［N］．无锡商业职业技术学院学报，2017年4月第17卷第2期：92－95.